Südtirols schönste Almwirtschaften

Wandern in seiner bequemsten Form

Finn Comfort
Made in Germany

Oswald Stimpfl

Südtirols schönste Almwirtschaften

Folio Verlag Wien – Bozen

HINWEIS

Die Auswahl der Almwirtschaften für diesen Führer traf der Autor nach seinen subjektiven Kriterien; sie war nicht an einen finanziellen Beitrag der jeweiligen Häuser gebunden.

Alle Angaben erfolgen nach bestem Wissen und Gewissen. Sämtliche Informationen wurden gewissenhaft recherchiert, doch Betreiber, Besitzer und vor allem Pächter können sich kurzfristig ändern. Daher empfehlen wir Ihnen, sich vorher bei den einzelnen Almen telefonisch zu informieren. Die beschriebenen Ausflüge werden auf eigenes Risiko unternommen; Autor und Verlag übernehmen keinerlei Haftung. Für die Wanderungen wird die Mitnahme von geeignetem Kartenmaterial empfohlen oder Sie planen Ihre Wanderung mithilfe von www.trekking.suedtirol.info

· ·

SYMBOLE

🍴	Essen und Trinken
🐚	Wissenswertes
✎	Ausflug oder Wanderung
⏳	Gehzeit
⊢→	Tourenlänge
⊚	Höhenmeter
!	Hinweis
→	Adresse
⏱	Öffnungszeiten
🚗	Anfahrt

· ·

BILDNACHWEIS

Umschlagbild: Auf der Berglalm; Foto: Oswald Stimpfl
Max Alber: S. 20
Udo Gerhardt: S. 42
No.parking: S. 135
Guus Reinartz: S. 116 o.
Die Fotos auf folgenden Seiten wurden uns freundlicherweise von den betreffenden Betrieben zur Verfügung gestellt: S. 72, 100, 124 u., 128 und 129.
Alle anderen Fotos stammen von Oswald Stimpfl

· ·

© Folio Verlag, Wien – Bozen 2014
Lektorat: Petra Tappeiner / Folio
Grafikkonzept: no.parking, Vicenza
Grafik und Druckvorstufe: Typoplus, Frangart
Printed in Italy
ISBN 978-3-85256-643-6

www.folioverlag.com

INHALTSVERZEICHNIS

VORAUSGESCHICKT

Seebergsee,
auf dem Weg
zur Wanser
Alm

Einen ganzen Sommer lang war ich für Sie unterwegs und habe Südtirols schönste Almwirtschaften erwandert, geprüft und fotografiert. Das Ergebnis halten Sie hiermit in Händen: Es ist ein praktischer Führer, der Ihnen schöne Wanderungen zu 64 charakteristischen Hochalmen vorstellt. Die Auswahl ist mir nicht leicht gefallen – zu groß ist die Anzahl gut geführter Almen, und es werden sogar immer mehr!

Es war mir wichtig, Ziele auszuwählen, die auf einigermaßen leichten, gut markierten und nicht allzu langen Wegen für Jung und Alt zu erreichen sind und die vor allem durch ihre schöne Lage bestechen. Oft beschreibe ich auch einen Rundweg oder ein zusätzliches Wanderziel, gebe Hinweise auf Kurioses und Besonderes der Gegend, sodass Sie Einblick in die Vielfalt und Schönheit der Landschaft Südtirols gewinnen.

Dieses Buch ist kein Gourmetführer, obwohl es die Küche etlicher Almen und Hütten gut und gerne mit der Qualität mancher Restaurants aufnehmen könnte. Hier werden vielmehr Almen vorgestellt, wo die traditionelle Almwirtschaft und die Viehhaltung einen wichtigen Wirtschaftsfaktor darstellen. Es wird möglichst viel Hausgemachtes angeboten bzw. regionale Köstlichkeiten aus kleinen Kreisläufen, vom selbst geräucherten Speck bis hin zu Butter, Joghurt und Käse, die aus der Milch der Kühe, die auf den Weiden vor dem Haus grasen, produziert werden. Oder die selbst gemachten Sirupe, die Erdäpfel und das Sauerkraut der Kohlköpfe vom eigenen Acker, Salate, Gemüse und Kräuter aus dem eigenen Garten.

Latemar

Die moderne Gesellschaft stellt an die Landwirtschaft, aber auch an die Almwirtschaft hohe und laufend wechselnde Anforderungen. Flexibilität und Anpassungsfähigkeit sind gefragt. Der Wandergast wünscht sich eine gute Erreichbarkeit, markierte Wege, ein tolles gastronomisches Angebot, lange Öffnungszeiten während der gesamten Saison und über die Weidezeit des Viehs hinaus, gute Infrastrukturen, ein funktionierendes Mobilfunknetz und womöglich noch Internet. Das war nicht immer so. Ab dem frühen Mittelalter wurde die Almwirtschaft über viele Jahrhunderte in der uns bis um 1900 bekannten Form fast unverändert betrieben. Lehensherren und Klöster legten auf die Käse- und Butterproduktion auf Almen großen Wert. Im Industriezeitalter änderte sich das, mit dem Rückgang des Bauernstandes und der Viehwirtschaft kam die Almwirtschaft in Bedrängnis. In den letzten Jahren wurde jedoch ihre volkswirtschaftliche und soziale Bedeutung erkannt, Förderprogramme zur Unterstützung der erschwerten Arbeitsbedingungen stoppen den Negativtrend und in manchen Fällen gibt es sogar wieder einen Trend nach oben. Heute hat die Almwirtschaft in der Bevölkerung einen sehr hohen Stellenwert, sie ist jedoch durch den allgemeinen Rückgang der Viehhaltung gefährdet. Bei geringeren Stückzahlen an Weidevieh und gleichzeitig gestiegenen Personalkosten für Hirten und Senner haben die Einnahmen aus dem Almausschank große wirtschaftliche Bedeutung für den Fortbestand der Almen.

Habe ich Sie neugierig gemacht? Gut! Dann lade ich alle Wanderfreunde zu einer Entdeckungsreise quer durch Südtirols Berg- und Almenwelt ein, viel Spaß – und guten Appetit!

Oswald Stimpfl

Gutes hat bei uns Tradition.
Und Zukunft.

1 RESCHNER ALM, RESCHEN

Die Reschner Alm, ein viel besuchtes und bequem zu erreichendes Ausflugsziel, liegt im äußersten Westen Südtirols, im österreichisch-schweizerischen Grenzgebiet, in 2015 m Seehöhe auf einer sonnigen Geländeverflachung. Von der Alm geht der Blick weit nach Süden, über den größten See Südtirols, den grünen Reschensee.

Die Alm ist im Besitz der Fraktion Reschen, Ausschank und Viehwirtschaft sind getrennt geführt. Im Sommer steht auf den Weiden viel Vieh: um die 70 Melkkühe, 400 Stück Galtvieh, über 700 Schafe. Die Milch wird in einem modernen, einmaligen System durch eine unterirdische Rohrleitung zur Sennerei ins Tal geleitet und dort verarbeitet. Der Almausschank wird seit etlichen Jahren von der Familie Trafojer geführt: Vater Josef (genannt Joe) bringt seine 36-jährige Berufserfahrung als Chefkoch in der Hotelbranche ein, Sohn Daniel hat den Service über, Mutter Bernadette (Berni) ist der gute Geist der Alm und passionierte Kuchenbäckerin.

Ihr Streuselkuchen ist berühmt, dicht gefolgt von den Fruchtschnitten (z. B. Johannisbeerschnitten), der Käsesahnetorte und dem Apfelstrudel mit Mürbteig. Als Tagesteller stehen die Teigtaschen auf der Karte, gefüllt mit Kraut, Kartoffeln, Pfifferlingen oder Steinpilzen. Delikat ist das Carpaccio von Semmelknödeln auf Salat mit Pfifferlingen, lokaltypisch die Vinschger Brotsuppe mit einer Einlage aus harten Brotstückchen. Gefragt sind auch die Wild-, Kitz-, Lamm- und Schaffleischgerichte. Natürlich fehlen die typischen Hüttengerichte wie Omeletten, Knödel, Spiegeleier und die Nudelteller nicht. Die Auswahl an guten Südtiroler Flaschenweinen ist beachtlich, die Säfte aus Pfefferminze, Holunder und Zitrone sind hausgemacht.

DIE WALLFAHRTSKAPELLE „ZU UNSERER LIEBEN FRAU" AM VALLIERTECK

Laut Überlieferung waren im Jahr 1775 die beiden Kinder eines Bauern mitsamt einem Heuwagen in eine Schlucht gestürzt, die Zugtiere und die Kinder kamen mit dem Leben davon. Der Vater gelobte darauf, einen Bildstock zu errichten. 1886 wurde an dessen Stelle eine Kapelle erbaut, die zu einem beliebten Wallfahrtsort im Obervinschgau wurde. Ein im Jahre 1895 errichteter Kreuzweg führt vom Dorf zur Kapelle.

VON ALTRESCHEN ÜBER VALLIERTECK ZUR RESCHNER ALM

Der Ausgangspunkt der Rundwanderung ist der Ortsteil Altreschen. Über Wiesen steigt der Weg Nr. 5 stetig an, tritt in den Wald ein und erreicht das Wallfahrtskirchlein Vallierteck. Bald danach nehmen wir den Steig Nr. 7, der uns zum breiten, relativ eben verlaufenden Zufahrtsweg zur Alm bringt. Für den Abstieg schlagen wir den Wiesensteig Nr. 5 ein, auf dem wir zügig zum Ausgangspunkt zurückgelangen.

⏳ 3 Stunden, ↦ 10 km, ⊘ 500 Höhenmeter

INFOS IN KÜRZE

➡ **Reschner Alm**, Fam. Trafojer, Reschen, Tel. 340 4155015, daniel.trafojer@rolmail.net

🕐 Von Mitte Juni bis Ende Sept. ohne Ruhetag, im Winter von Do. bis So. geöffnet.

🚗 Von Reschen Richtung Rojen, nach etwa 6 km rechts abbiegen und über eine Brücke, von hier auf einer nicht asphaltierten Straße noch 3 km bis zur Alm.

2 : **MELAGER ALM, LANGTAUFERS**

*Langtaufers schmiegt sich ganz im Westen Südtirols an die Drei-
tausender der Ötztaler Alpen. Vom Talschluss dieses noch relativ
unberührten und wenig besiedelten Hochtales grüßt der höchste
Gipfel, die 3740 m hohe Weißkugel, deren Eispanzer und Glet-
scherzungen weit ins Tal hinunterreichen. Im Talboden rauscht der
mächtige, vom Gletscherwasser getrübte Karlinbach, der größte
Zufluss des Reschensees.*

Am Rande von Wiesen und Lärchenwäldern liegt nahe der Streu-
siedlung Melag die gleichnamige Alm (1979 m), die Langtauferer
Bauern gehört. Vor Jahrzehnten zerstörte ein Lawinenabgang die
alte Almhütte, anschließend wurde neu und groß gebaut. Im
August ist der leicht erreichbare Ort fest in der Hand von italienischen Gästen, an den Wochenenden kommen die Einheimischen zu
Kaffee und Kuchen, im Winter Skitourengeher, Winterwanderer und
Langläufer, Senioren lassen sich mit dem Pferdeschlitten zur Alm
kutschieren. Ausschank und Almwirtschaft sind getrennt: Ein Senner versorgt das Vieh und verarbeitet die Milch zu bestem Almkäse, um den Ausschank kümmern sich Leonhard Folie und sein
freundliches und motiviertes Team.

 ZUR MELAGER ALM

Der kürzeste und schnellste Weg startet in Melag am Parkplatz
(Markierung Nr. 2) und zieht sich als breiter, kinderwagentaugli-
cher, relativ ebener Weg durch Wiesen und am Bach und Waldrand
entlang zur Alm hin. Rückweg wie Hinweg.

⏳ 1 Stunde 10 Minuten (hin & retour), ↦ 4,5 km, 🕐 115 Höhenmeter

Leonhard serviert typische, einfache und gute Hüttenkost und natürlich den vorzüglichen Käse, der auf dem Almteller neben Speck und Kaminwurzen nicht fehlen darf. Auf der Tageskarte stehen immer auch Fleischgerichte wie Gulasch oder Schweinshaxen und Wildgerichte. Leonhard ist Jäger und sorgt persönlich für Nachschub. Herrliche Nachspeisen versüßen den Aufenthalt:

Das Angebot umfasst verschiedene Torten wie Schwarzwälder Kirschtorte, Sacher- und Käsesahnetorte oder Vinschger Marillenschnitte, außerdem Joghurt mit Erd- und Waldbeeren oder süße Fruchtmolke.

🥾 RUNDWANDERUNG ZUR WEISSKUGELHÜTTE

Von Melag am Ende der Fahrstraße (1933 m) nehmen wir den gut beschilderten Weg Nr. 2, der sich ins Tal hineinzieht, immer mit Blick auf die großartige Gletscherwelt, und im letzten Teil aufwärts bis zur 2545 m hoch gelegenen Weißkugelhütte führt (2½ Stunden). Ab der Hütte folgen wir dem Gletscherlehrpfad, der zur Melager Alm hinunterführt (1½ Stunden). Entlang des Steiges über und durch Moränenschutt, Bäche, Feuchtwiesen und zuletzt schütteren Wald erläutern Schautafeln die formende Kraft der Gletscher. Von der Alm gehen wir auf angenehmem Weg in einer halben Stunde nach Melag zurück.

⌛ 4½ Stunden, ↦ 12 km, ⊛ 730 Höhenmeter. ⚠ Warme Kleidung auch im Sommer nicht vergessen!

INFOS IN KÜRZE

➔ **Melager Alm,**
Leonhard Folie,
Langtaufers 91, Graun,
Tel. 340 4090145

🕐 Von Anfang Juni
bis Anfang Okt., von
Weihnachten bis Ostern
ohne Ruhetag geöffnet.

🚗 Von Graun ins
Langtauferer Tal bis Melag
im Talschluss, Parkplatz

3 : SCHLININGER ALM, SCHLINIG

Auf den weiten ebenen Wiesen im Talschluss von Schlinig liegt auf 1868 m die große, landwirtschaftlich genutzte Schliniger Alm – auf rätoromanisch „Alp Planbell" – mit angeschlossener Gastwirtschaft. Im Westen wird das Tal von einer hohen Bergkette abgeschlossen, hinter der Alm stürzt ein Wasserfall über eine Felswand. Kein Wunder, dass bei dieser herrlichen Kulisse die Almwirtschaft gut besucht ist.

Die Alm ist im Gemeinschaftsbesitz von Schliniger Bauern, um die Viehwirtschaft kümmern sich Hirten und Senner. Täglich wird die Milch von fast 70 Melkkühen zu bestem Almkäse, Butter und Joghurt verarbeitet und bei der Verkaufsstelle auf der Alm angeboten. Der Almausschank wird von der Familie Angerer-Marx betrieben. Steffi regiert in der Küche, Tochter Julia und sogar der Opa helfen im Sommer mit. Roman Marx, der auch Jäger ist, sorgt dafür, dass manchmal Wild auf der Speisekarte steht.

🍴 Im Übrigen werden einfache, herzhafte Hüttengerichte serviert: Knödel, Käsenocken, Spiegeleier mit Speck, Omeletten, Nudelgerichte wie z. B. Hirtenmaccheroni, dann Brettljausen mit Speck, Bündnerfleisch, natürlich dem Almkäse und selbst gemachten Kaminwurzen. Eine Spezialität ist auch die frische süße Buttermilch, unbedingt probieren sollte man einen der verschiedenen hausgemachten Kuchen.

🦅 NORDISCHES SKIZENTRUM SCHLINIG

Im Winter ist das Gebiet ein bekanntes Zentrum für den Nordischen Skisport mit Langlaufloipen und einem Biathlonrundkurs. Info: Nordisches Skizentrum Schlinig, Tel. 0473 835355, www.watles.net

KLOSTER MARIENBERG

Seit dem 12. Jahrhundert bewacht das wehrhafte Benediktiner-
kloster Marienberg auf dem Hang westlich von Burgeis die Straße
über den Reschen. Der gewaltige, weiß leuchtende Bau beein-
druckt durch seine Geschlossenheit. Sehenswert sind die Stiftskir-
che und das moderne Klostermuseum, in dem u. a. ein Film über
die weltberühmten romanischen Fresken der Krypta zu sehen ist.
Info: www.marienberg.it

ZUR SCHLINIGER ALM

Mit der Benutzung der Sesselbahn vom nahen Prämajur auf den
Watles bietet sich ein schöner Rundweg von der Bergstation zur
Sesvennahütte (2256 m, Weg Nr. 8A und 8), weiter zur Schliniger
Alm (Weg Nr. 1) und ins Dorf Schlinig an. Ein Shuttlebus pendelt
täglich (von Mitte Juni bis Anfang Okt.) von 16 bis 18 Uhr im
10-Minuten-Takt von Schlinig zum Parkplatz an der Talstation Watles und bringt die Wanderer zum Ausgangspunkt zurück (Info: Tou-
ristik und Freizeit AG, Mals, Tel. 0473 835456, www.watles.net).

⏳ 3 Stunden, ↦ 11 km, ⊗ 280 Höhenmeter im
Aufstieg, 700 Höhenmeter im Abstieg

Der kürzeste Fußweg (Nr. 1) führt von Schlinig
am Bach entlang durch schütteren Lärchenwald
und über Wiesen in 40 Minuten leicht ansteigend
zur Alm. Wer mit dem Kinderwagen unterwegs ist,
kann die asphaltierte, für den Verkehr gesperrte
Almzufahrt ab Schlinig benutzen.

⏳ 1 Stunde 20 Minuten (hin & retour), ↦ 5 km, ⊗ 160 Höhenmeter

INFOS IN KÜRZE

↪ **Schliniger Alm**,
Fam. Angerer-Marx,
Schlinig, Tel. 0473 830152
oder 338 5379733,
steffi.angerer@rolmail.net

🕐 Von Mai bis Mitte Nov.
ohne Ruhetag geöffnet,
außerdem von Weihnach-
ten bis Ostern (Di. und
Mi. Ruhetag).

🚗 Von Burgeis mit dem
Auto bis zum gebühren-
pflichtigen Parkplatz am
Ortsende von Schlinig.

4 : PLANEILER ALM, PLANEIL BEI MALS

Von den österreichischen Grenzbergen kommend mündet oberhalb von Mals das Planeiltal in die Malser Haide. Am äußeren Talrand liegt das Dörfchen Planeil, ein typisches romanisches Haufendorf mit ineinander verschachtelten Häusern und engen Gassen. Auf den darüber liegenden sonnigen Hängen breiten sich ausgedehnte Almwiesen aus, mittendrin liegt die Planeiler Alm.

Auf dem weiten Almgelände oberhalb von Planeil weiden fast 300 Rinder, darunter 70 Melkkühe, dann noch Pferde und rund 700 Schafe von Planeiler Bauern. Täglich fallen 1000 Liter Milch an, die auf der Alm von der Sennerin Karin Hofer zu Butter, Käse und Joghurt verarbeitet werden.

☞ VOM SCHREIBTISCH AUF DIE ALM

Bis vor wenigen Jahren war Karin Hofer, die Pächterin der Alm, in einem internationalen Konzern als EDV-Spezialistin in den Auslandsfilialen, darunter in den USA, Deutschland und der Schweiz, tätig. Als sich Nachwuchs anmeldete, gab sie ihrem Leben eine Wende und übernahm kurzerhand mit ihrem Mann, der in der Baubranche arbeitete, in der Jugend aber eine Ausbildung zum Koch absolviert hatte, die Planeiler Alm. Bereits im zweiten Jahr produzierte sie im Sommer sieben Tonnen Almkäse, der bei der Käseolympiade im österreichischen Galtür eine Bronzemedaille errang.

¶¶ Natürlich spielen die Milchprodukte beim Speisenangebot eine große Rolle: Frischkäse mit Kräutern, Joghurt mit Waldfrüchten, Holundersirup mit frischer Molke oder Marendbrettchen mit Käsevariationen. Suppen, Omeletten, Hirtenmaccheroni, Spiegeleier, Knödel, Krautsalat, Sauerkraut und Hauswürste gibt es immer, am Wochenende kommt Gulasch oder ein Braten auf den Tisch. Die Würste und der Speck (20 Schweine werden mit der Käsemolke gemästet) sind selbst gemacht, auch viele Säfte und die verschiedenen köstlichen Mehlspeisen.

👟 RUNDWEG ZUR PLANEILER ALM

In Planeil schlagen wir nordwärts die steile Dorfgasse ein, auf einem neu trassierten, ebenfalls steilen Weg (Nr. 10) gewinnen wir rasch an Höhe. In Kehren geht es nun auf einem Wald- und Wiesensteig an alten flechtenbehangenen Lärchen vorbei, nach 45 Minuten erreichen wir die Wiesenhänge oberhalb der Waldgrenze. Die Aussicht wird immer weiter und umfassender, allmählich schiebt sich der Ortler mit seiner weißen Gletscherkappe ins Blickfeld. Im Sommer prangt hier eine bemerkenswerte alpine Flora mit auffallend vielen Kohlröschen und viel Arnika. Bald ist die Alm, die sich lange in einer Mulde versteckt hielt, erreicht. Der Rückweg führt über einen breiten Forstweg nordostwärts in den Talgrund, wendet dort und führt über Wiesenböden (Nr. 6) am Ufer des rauschenden Punibaches ins Dörfchen zurück.

⏳ 3 Stunden 20 Minuten, ⊢→ 9 km, ◈ 580 Höhenmeter

INFOS IN KÜRZE

↪ **Planeiler Alm**, Karin Hofer und Alois Ennemoser, Planeil, Mals, Tel. 392 5741887, karin.hofer1@gmail.com

🕑 Von Ende Mai bis Ende Sept. ohne Ruhetag geöffnet.

🚗 Am oberen Ortsende von Mals nach Planeil abzweigen, Parkplatz am Dorfeingang.

5 : MATSCHER ALM, MATSCH

Im oberen Vinschgau, zwischen Schluderns und Mals, dringt das Matscher Tal zu den Ötztaler Bergriesen vor. In diesem relativ unberührten Hochtal, umgeben von großartiger Bergwelt, liegt die kleine Ortschaft Matsch und noch weiter hinten, im Talschluss, in einer geschützten Mulde inmitten von Almwiesen und den letzten Lärchen die stattliche Matscher Alm.

Offiziell hat die Alm, welche im Besitz von 50 Matscher Bauern ist, einen sperrigen Namen: Innere Matscher Kuhalm. Wo in den 1950er-Jahren eine kleine Hütte stand, wurde 1994 ein größeres Gebäude errichtet und 2013 nochmals erweitert, saniert und auf den modernsten Stand gebracht. Auch an den Ausschank wurde gedacht und die entsprechenden Räumlichkeiten ausgebaut. Auf den Weiden steht im Sommer richtig viel Vieh: um die 50 Melkkühe,

100 Stück Galtvieh, 300 Ziegen und etwa 1000 Stück Schafe – da gibt es für die Senner und Hirten viel zu tun. 6 bis 7 Tonnen Käse und Butter werden hergestellt. Ein eigenes E-Werk liefert die Energie für die Maschinen und die Kühlaggregate, die Butter wird tiefgefroren. Die Viehwirtschaft steht im Mittelpunkt der Arbeit, trotzdem sind Wanderer herzlich willkommen.

🍴 Logischerweise liegt der Schwerpunkt auf dem Käse: Beliebt ist das „Almhalbmittag", ein gemischtes Jausenbrettchen mit Frischkäse und gelagertem Almkäse sowie Butter und Speck. Außerdem kommen Joghurt, Milch, Buttermilch und Molke, aber auch Bier, Wein und Säfte auf den Tisch.

DIE HERREN VON MATSCH

Vor Matsch stehen auf einem Hügel die Ruinen von Ober- und Untermatsch, dem Stammsitz der Matscher Vögte, einem mächtigen Adelsgeschlecht, das später auf der tiefer liegenden Churburg residierte. Gaudenz von Matsch war Feldhauptmann der Tiroler Truppen, schlug 1487 die Venezianer in einer Schlacht und eroberte Rovereto für die Habsburger zurück.

RUNDWEG VON DEN GLIESHÖFEN ZUR MATSCHER ALM

Vom Parkplatz nehmen wir den Weg am ostseitigen Talhang (nicht die breite Forststraße am Westhang), der durch Wiesen und lockeren Wald zur Schäferhütte, einer Holzhütte mit Schafpferch (in manchen Karten fälschlicherweise als Innere Matscher Alm angegeben, 2025 m) führt. Nun dreht der Weg talauswärts, überquert den Bach und geht auf breitem Weg (Nr. 7) zu unserem Ziel, der Matscher Alm. Wir nehmen jetzt den Vinschger Höhenweg, der im steten Auf und Ab, den Hang querend zum Tal hinausführt. Bei einer Kreuzung verlassen wir den Höhenweg und wandern auf Steig Nr. 8 zu den Glieshöfen hinunter.

⌛ 3 Stunden, ↦ 8,5 km, ⊕ 450 Höhenmeter

INFOS IN KÜRZE

⊙ **Matscher Alm**, auf der Alm nur Funkverbindung, kein Handyempfang. Info: www.ferienregion-obervinschgau.it

⊙ Von Anfang Juni bis Mitte Sept. (je nach Wetter) ohne Ruhetag geöffnet.

🚗 In Tartsch bei Mals von der SS 38 ins Matscher Tal abbiegen, 6,8 km bis Matsch, weitere 7 km bis zum großen Parkplatz bei den Glieshöfen.

6 GÖFLANER ALM, NÖRDERBERG

Im Vinschgau, auf der südlichen Talseite zwischen Laas und Schlanders, befinden sich im Gebiet des Nationalparks Stilfser Joch bedeutende Vorkommen von weißem Marmor, welche seit langer Zeit abgebaut werden. Unterhalb des Göflaner Marmorbruchs, dem höchsten Europas, liegt am Rand eines Wiesenbodens die Göflaner Alm.

Von den vier Steinbrüchen am Göflaner Berg ist der auf 1850 m gelegene Alpbruch der am tiefsten gelegene und der einzige, der nicht mehr in Betrieb ist. Bis 1897, als der Marmorabbau eingestellt wurde, diente das heutige Gebäude der Göflaner Alm den Arbeitern des Alpbruchs als Unterkunft. Das aus geschichteten Steinen gemauerte Haus neben den mächtigen Abraumhalden des Marmors, der hier im Tagebau gebrochen wurde, hat so überhaupt nichts von einer urigen Sennhütte an sich. Marmorstiegen führen ins Haus und auf die Terrasse, wo der schönste Platz ist, um die gute Hüttenkost zu genießen. Seit Sommer 2002 wird hier ein Almausschank betrieben, 2014 ist ein kleiner Umbau mit einem Ausbau der Küche geplant.

INFOS IN KÜRZE

⊙ **Göflaner Alm**, Göflan, Schlanders, Infos beim Tourismusbüro Schlanders, Tel. 0473 730155, oder beim Almmeister Martin Oberdörfer, Tel. 338 4268090

⊙ Von Mai bis Ende Okt. ohne Ruhetag geöffnet.

🚗 Von Göflan (737 m) mit dem Auto 8 km auf einer kurvenreichen, Bergstraße zum Parkplatz beim Berggasthaus Haslhof (1574 m).

ZUR GÖFLANER ALM

Beim Gasthaus Haslhof oberhalb von Göflan beginnt der Weg Nr. 2B, der nach den Wiesen mit der aufgelassenen Alm Weißkaser in einen schönen Waldsteig übergeht und im steten Auf und Ab den waldigen und felsdurchsetzten Hang quert. Nach einer Stunde erreichen wir die Hütte Kohlplätze (1666 m), einst ein Ort für die Gewinnung der Kohle, die in der Schmiede zur Reparatur und Schärfung der Werkzeuge benötigt wurde. In einer halben Stunde gelangen wir auf einem breiten Güterweg (Nr. 3) zur Göflaner Alm (1826 m). Rückweg wie Hinweg.

 2 Stunden 40 Minuten (hin & retour), ⊢→ 9,7 km, 370 Höhenmeter

ZUM GÖFLANER MARMORBRUCH

Wen der Marmorabbau interessiert, der sollte jetzt noch weitergehen: Von der Alm führt ein Steig (Nr. 3, Marmorthemenweg) in einer Stunde in die Nähe des gut sichtbaren Eingangsstollens des Marmorbruchs, wo noch immer geschäftiges Treiben herrscht. Der Marmor wird über die Werkstraße mit Lkws abtransportiert. Was unterhalb davon wie Schnee glänzt, ist das blendend weiße Abbruchmaterial. Auf dem Weg zum Bruch mit den aufgelassenen Werksgebäuden und der alten Kantine stehen Tafeln, welche die Arbeitsweise und die Geschichte  des Marmorabbaues erklären. Auch ein Stück des Bremsweges, über den einst die tonnenschweren Blöcke abgeseilt wurden, ist nachgebaut. Rückweg wie Hinweg.

4 Stunden 20 Minuten, ⊢→ 12,5 km, 700 Höhenmeter

Wer eine längere Runde machen möchte, steigt vor dem Marmorbruch auf Weg Nr. 3A zur Göflaner Scharte (2397 m) auf, geht auf dem Marteller Höhenweg (Nr. 23) bis zum Kreuzjöchl (2017 m) und steigt auf Weg Nr. 1 zum Haslhof ab.

5 Stunden (hin & retour), ⊢→ 13,5 km, 950 Höhenmeter

7 LYFIALM, MARTELL

Das Martelltal, ein Seitental des Vinschgaus, ist in seinem hinteren Teil von mächtigen Dreitausendern flankiert: auf der Südseite von den Venediger- und Rotspitzen, im Talschluss von Zufallspitze und Cevedale und auf der Nordseite von Schild-, Peder- und Lyfispitzen. Am Fuße Letzterer liegt die Lyfialm (2169 m), zu der wir eine kurze, aber äußerst lohnende Rundwanderung unternehmen.

Die Lyfialm ist uraltes Siedlungsgebiet, die Bezeichnung soll sich von „Livius", einem der ersten Almbesitzer vor vielen Jahrhunderten ableiten. Nun ist die Alm im Besitz der Gemeinde Martell, der Almausschank wird von der Familie Eberhöfer betrieben. Das stattliche gemauerte Haus wurde 1956 erbaut, neben einer gemütlichen Stube und einer großen Terrasse bieten drei große Zimmer im Hüttenstil Platz für Wanderer. Dieses Angebot wird im Winter gerne genutzt: Womöglich wurde am Abend ein Fleischfondue für die Gruppe bestellt und nach ausgiebigem Feiern auf der Hütte übernachtet ... Ein eigenes E-Werk liefert Energie für wohlige Wärme.

 Die Küche bietet gute typische Hausmannskost wie schöpsernen Braten, Saure Suppe, Gulasch, Knödel oder Omeletten. Im Sommer sind die frischen Erdbeeren aus dem Tal mit Joghurt der Nachspeisenhit, gleich nach dem Apfelstrudel und den Bauernkrapfen. Die Sennerei wird gesondert betrieben, Butter und Käse werden im Verkaufslokal direkt vom Senner an Passanten verkauft.

☞ DER MARTELLER WEIHNACHTSMARKT

Bei der Enzianalm, wenige Minuten vom Parkplatz am Ende der Fahrstraße entfernt, wird in der Adventszeit auf 2061 m der höchstgelegene Weihnachtsmarkt im Alpenraum veranstaltet. Infos: Tourismusverein Latsch-Martell, Tel. 0473 623109

👢 ZUR LYFIALM

Vom Parkplatz beim Gasthaus Enzian (2050 m) nehmen wir den breiten Weg Nr. 8 (Marteller Höhenweg), gehen zuerst zur Enzianalm, über eine Brücke und wandern dann auf einem steilen Steig (Nr. 39) zur Peder-Stieralm (2252 m). Der Blick zu den Bergriesen und Gletschern ist fantastisch! Jetzt geht der Steig Nr. 35 in einer Hangquerung in stetem Auf und Ab an knorrigen Zirbelkiefern und bizarren Felsformationen vorbei zur Lyfialm, zwischendurch erhaschen wir einen Blick auf den grünen Zufritt-Stausee im Talgrund. Der Rückweg führt über Weg Nr. 8 durch schütteren Wald zurück zum Parkplatz.

⏳ 2 Stunden 20 Minuten, ↦ 6,4 km, ⊗ 300 Höhenmeter

Der einfachste Weg geht vom Parkplatz beim Gasthaus Enzian auf breiter, im Winter gespurter Straße (Nr. 8) zur Lyfialm. Der Weg ist auch für Kinderwagen geeignet.

⏳ 1 Stunde 40 Minuten (hin & retour), ↦ 8 km, ⊗ 100 Höhenmeter

INFOS IN KÜRZE

→ **Lyfialm**, Fam. Eberhöfer, Hintermartell 204, Martelltal, Tel. 0473 744708 oder 333 2770100, www.lyfialm.it

🕐 Von Anfang Juni bis Mitte Okt. (je nach Schneelage) sowie Weihnachten bis Ostern, in der Nebensaison Mo. Ruhetag. Im Winter Do., Fr., Sa. und So. geöffnet.

🚗 Im Talschluss von Martell, nach dem Gasthaus Enzian, gebührenpflichtiger Parkplatz, wenige Schritte davor beginnt der Fußweg (Nr. 8) zur Alm.

8 : STIERBERGALM, VINSCHGER SONNENBERG

Hoch oberhalb von Kastelbell, am Vinschger Sonnenberg auf 2106 m, liegt die Stierbergalm, ein Gemeinschaftsbesitz von Bauern aus St. Martin im Kofel und dem Weiler Trumsberg. Hier ist es steil – wie bei allem Schönen heißt es, sich abmühen, um den Reiz zu erfassen.

Auf einer kleinen Geländeverflachung steht ein gemauertes, festes Häuschen, an der Kante zum Tal ist die Bergstation der Materialseilbahn. Die Stierbergalm ist nicht mit einer Straße erschlossen, Lebensmittel, Getränke und alles, was sonst noch auf der Alm benötigt wird, wird in den offenen Kisten der Bahn vom tiefer liegenden Hof Hochpardatsch, der noch mit dem Auto erreichbar ist, heraufgeschafft. Die Bergweiden auf den steilen Lärchenwiesen um die Alm sind ein uralter Almplatz, jetzt weiden dort im Sommer rund 40 Rinder und 400 Schafe. Im Sommer ist die Stierbergalm seit Jahren das Reich von Josef Altstätter, er ist hier Hirte, Koch und Kellner in Personalunion.

¶ Man würde es dem anfänglich wortkargen Sepp gar nicht zutrauen, was er in der kleinen Küche an Gerichten zaubern kann. Unter der Woche ist die Auswahl zwar nicht groß – Suppen, Omeletten, Speck (selbst geselcht) und Käse –, aber an Sonn- und Feiertagen gibt es gute Grill- und Bratengerichte, allen voran das weitum bekannte Schöpserne und Bockene (Hammel- und Ziegenbraten), derentwegen die Einheimischen eigens heraufwandern. Dazu passt ein kräftiger roter Eigenbau-Zweigelt aus dem Vinschgau. Zum Nachtisch gibt es Strudel, für die Verdauung einen der selbst angesetzten Schnäpse wie Enzianschnaps oder Nusseler.

ZUR STIERBERGALM

Beim Hof Hochpardatsch (1760 m) nehmen wir den alten steilen Almweg (Nr. 4), der durch lockeren Lärchenwald stetig in die Höhe führt. Zwischendurch verbreitert sich der Steig zu einem Forstweg, der die sonst unzugänglichen Wälder erschließt. Nach einer guten Stunde haben wir das kleine Plateau erreicht, auf dem das Almhäuschen steht. Die Terrasse davor, mit einem Zaun zur steil abfallenden Talseite gesichert, bietet tolle Ausblicke ins tausend Meter tiefer gelegene Tal und zu den gegenüberlegenden Ausläufern der Ortlergruppe, von denen das Hasenöhrl (3257 m) auch im Sommer eine weiße Gletscherhaube trägt. Rückweg wie Hinweg.

⌛ 2 Stunden 20 Minuten (hin & retour), ⟼ 2,8 km, 🧭 340 Höhenmeter

🥾 RUNDWEG VON ST. MARTIN IM KOFEL ZUR STIERBERGALM

Von der Bergstation der Seilbahn Latsch–St. Martin folgen wir den Hinweisschildern „Vinschger Höhenweg" (Nr. 2), dabei queren wir mit schönster Aussicht den Sonnenberg, am Hofschank Niedermair in Trumsberg vorbei, bis wir auf den Anschlussweg Nr. 4 zur Stierbergalm treffen. Nun auf diesem wieder aufwärts bis zur Alm (ab St. Martin 3,5 Stunden). Von der Alm auf Weg Nr. 4, die gesamte Vegetationszone schneidend, von den Hochweiden über die Trockenwälder und zuletzt Obst- und Weinberge bis Kastelbell. Mit der Vinschger Bahn zurück nach Latsch.

⌛ 6½ Stunden, ⟼ 15,5 km, 🧭 790 Höhenmeter Aufstieg, 1900 Höhenmeter im Abstieg. ⓘ Anspruchsvolle Bergwanderung.

INFOS IN KÜRZE

➔ **Stierbergalm**, Josef Altstätter, Trumsberg, Kastelbell, Tel. 346 0493446

🕐 Von Juni bis Mitte Sept. geöffnet, bei schönem Wetter auch an den Wochenenden im Okt.

🚗 Von Kastelbell mit dem Auto bis zum Bauernhof Hochpardatsch, Josef versichert, dass trotz des Verbotsschildes die Zufahrt erlaubt sei.

9 : BERGLALM, SCHNALSTAL

Flankiert von mächtigen Bergriesen zieht sich das Schnalstal von Naturns fast 30 km lang bis zu den Gletschern der Ötztaler Alpen hin. Trotz der Enge hat es mit seinen typischen hölzernen Bergbauernhöfen, dem türkisen Vernagtsee und der großartigen Bergkulisse seinen besonderen Reiz. Eine Rundtour zur urigen Berglalm auf 2214 m verspricht unberührte Berglandschaft, schönste Ausblicke und gute Hüttenkost.

Die Berglalm ist im Besitz zweier Bauern aus dem Tal, die im Sommer rund 30 Stück Galtvieh auftreiben. Seit Jahren bewirtschaften Karoline und Ehrenfried Weithaler, allgemein als Karo und Schmid bekannt, die Alm.

🍴 Sie sollen die besten Knödel weit und breit machen – diese kommen in verschiedenen Varianten, als Steinpilz-, Käse-, Spinat- und Speckknödel, auf die Teller. Dazu wird Lamm, Bockenes (Ziegenbraten), Kitzbraten oder Rindsgulasch gereicht. Je nach Angebot der Schnalser Jäger gibt es auch Gamsbraten. Vieles ist selbst gemacht, so auch das Roggenbrot und der Johannisbeer-, der Pfefferminz- und der Holundersirup. In der Küche steht lediglich ein Holzherd – vielleicht gelingt gerade deshalb der Kaiserschmarrn so vorzüglich!

RUNDWANDERUNG ZUR BERGLALM

Bei den Köfelhöfen beginnt unser Weg (Nr. 5), führt anfänglich über Wiesen, tritt in einen Lärchenwald ein und flankiert den Hang, immer mäßig ansteigend. Im Hintergrund liegen die Hotelsiedlung von Kurzras und mächtige Berggipfel, deren höchster die Weißkugel (3739 m) ist. Unterwegs treffen wir auf ein Bildstöckl des hl. Martin, dann eine munter plätschernde Quelle. Wir folgen den Schildern „Taschenjöchl" und „Berglalm" und gehen im Wesentlichen eben, streckenweise auf und ab, durch herrlichen Zirbenwald bis zur Alm, die sich auf einem sonnigen Almboden ausbreitet. Gegenüber liegt der Similaun mit der Fundstelle des Ötzi, im Tal der Vernagtsee, im Süden sind die Zacken der Texelgruppe zu sehen. Von der Berglalm nehmen wir den steilen Steig (Nr. 13) ins Tal zur Bushaltestelle beim Hotel Gerstgras und fahren zurück zu den Köfelhöfen oder gehen den Steig Nr. 13A sanft bergauf zum Ausgangspunkt zurück (50 Minuten).

2½ Stunden, 6,3 km, 300 Höhenmeter, leicht, etwas steiler Abstieg
Verlängerung Gerstgras–Köfelhöfe:
3 Stunden 10 Minuten, 8,8 km, 460 Höhenmeter

Eine andere, leichte Rundwanderung verläuft auf Weg Nr. 13 vom Vernagt-Staudamm über die Grubalm zur Berglalm und auf Weg Nr. 13A den See entlang wieder zurück.

3 Stunden 50 Minuten, 11,5 km, 600 Höhenmeter

INFOS IN KÜRZE

Berglalm, Fam. Weithaler, Kurzras, Schnalstal, Tel. 339 3816482, www.bergl-alm.com

Von Anfang Juni bis Ende Okt.

Mit dem Auto bis zu den Köfelhöfen, 1 km vor der Talstation Kurzras gibt es wenige Parkplätze längs der Straße. Bei Variante Seeweg Parkplätze an der Staumauer in Vernagt

10 : ZIRMTALALM, NÖRDERBERG

Hoch über Kastelbell, auf der bewaldeten Seite des Vinschger Nör-
derberges, liegt auf stolzen 2114 m die Zirmtalalm, eine der höchs-
ten des Tales und eine der romantischsten. Sie liegt neben einem
bezaubernden See, von uralten Zirbelkiefern und Lärchen umgeben,
die hier trotz der großen Höhe prächtig gedeihen. Die mächtigen,
schützenden Berge im Rücken sind die Ausläufer des 3257 m auf-
steigenden Hasenöhrls und trennen den Vinschgau vom Ultental.

Die Hütte ist im Besitz einer Interessentschaft von Tomberger
Bauern, die hier etwa 20 Stück Vieh auf die Weide schicken. Seit
etlichen Jahren sind Max und Petra Ennemoser Hüttenpächter. Die
Hütte bietet Schlafgelegenheit in einem Mehrbettzimmer und
einem Hüttenlager, eine Möglichkeit, die Weitwanderer gerne nutzen. Rund um das Haus fühlen sich allerlei Tiere wohl, darunter
Hunde, Ziegen und Schweine, die in einem großen Laufstall viel
Freiraum haben. Das Kurioseste ist ein großer Papagei in einer
Voliere, der mit markigen Sprüchen die Gäste unterhält. Einer seiner Lieblingssätze ist: „Hosch gezohlt, du Spinner?" („Hast du
bezahlt, du Spinner?")

Obwohl alles mit der Materialseilbahn zur Hütte geliefert wer-
den muss, weil es keine Zufahrtsstraße gibt, bereitet Petra in
der kleinen Hüttenküche mit dem Holzherd eine erstaunlich gute
Almkost zu. Bekannt ist ihr Schöpsernes und Bockenes (Hammel-
und Ziegenbraten), das Aroma der Zirbelkiefer finden wir in den
Zirmnocken oder im Zirmschnaps, etwas Besonderes ist auch der
Alpenrosensaft. Natürlich werden darüber hinaus auch Omeletten,
Jausenbrettln und Knödel aller Art serviert. Ansehnlich ist die
Auswahl an guten Eigenbauweinen.

👟 ZUR ZIRMTALALM

Vom Parkplatz (1494 m) aus folgen wir den Schildern „Marzoner Alm", queren den Hang und gelangen ohne großen Höhenunterschied zur Marzoner Alm (1599 m, 1 Stunde), einem schön gelegenen Berggasthof mit toller Aussicht zur gegenüberliegenden Texelgruppe und in den Vinschgau. Hier beginnt der eigentliche Aufstieg auf Steig Nr. 18. Durch hellen Wald, an Bächen entlang, über kleine Brücken, auf moorigen Böden und Alpenrosenhängen gelangen wir auf die Anhöhe, wo in einem Bergkessel der zauberhafte Zirmtalsee und an seinem Westufer die gleichnamige Hütte steht. Für den Rückweg wählen wir Steig Nr. 18A, der zügig zur Altalm (Einkehrmöglichkeit) an der Talstation der Materialseilbahn und weiter zum Parkplatz führt.

⏳ 4 Stunden 20 Minuten, ➡ 10 km, 🌀 780 Höhenmeter

INFOS IN KÜRZE

➔ **Zirmtal Alm**, Max und Petra Ennemoser, Kastelbell-Tschars, Tel. 388 9898660 (sehr schlechter Handyempfang!), hatzis98@gmail.com

🕐 Von Anfang Mai bis Ende Okt. ohne Ruhetag geöffnet.

🚗 Von der Vinschgauer Straße bei Tschars auf der Höhe des Hotels Winkler über den Bahnübergang und die Etschbrücke und auf der schmalen, asphaltierten Straße empor bis zum großen Parkplatz.

11 ZETN-, MAUSLOCH- UND TABLANDER ALM, NATURNS

Der untere Vinschgau ist auf seiner Südseite, dem Nörderberg, von einem dunklen Waldgürtel bedeckt. Wo dieser steile Wald in die Almregion übergeht, reiht sich eine bewirtschaftete Almhütte an die nächste, Forstwege und Waldsteige verbinden diese beliebten Ausflugsziele miteinander. Immer wieder führen von der Talsohle schmale, asphaltierte Zufahrtswege zu den Streusiedlungen und Höfen auf den Rodungsinseln im Wald. Von der gegenüberliegenden Talseite blickt der karge Sonnenberg herüber, und darüber ragen die Gipfel der Texelgruppe und der Ötztaler Alpen auf.

Bereits die Anfahrt zum Ausgangspunkt der Almenrunde ist ein Erlebnis, Kurve um Kurve windet sich die Straße in die Höhe und gibt immer neue Ausblicke auf den Vinschgau mit seinen Dörfern und den schachbrettartig angelegten Obstanlagen frei.

DIE ZETNALM

Die erste der drei Almen, die wir besuchen, ist die Zetnalm. Sie ist nur 30 Gehminuten vom Parkplatz entfernt und liegt in einer geschützten Wiesenmulde. Seit drei Jahrzehnten wird die Alm, die im Besitz der Gemeinde Naturns ist, von Hans und Resi Aster geführt. Bauern aus der Gegend haben Weiderechte und treiben im Sommer noch etwas Galtvieh auf. Es handelt sich um einen uralten Almplatz, der einst Altalm hieß. Um die Hütte, die erst kürzlich um- und ausgebaut wurde, nicht mit einer anderen Alm in der Nähe, die ebenfalls Altalm heißt, zu verwechseln, wird sie Zetnalm genannt. „Zetn" ist im Sprachgebrauch der Einheimischen das Gestrüpp, hauptsächlich jenes der Alpenrosen, die nahe der Alm wachsen und Anfang Juni die Hänge mit einem roten Teppich überziehen.

🍴 Hans war in seinen jungen Jahren Metzger, das schlägt sich in der Speisekarte nieder: Die Alm ist für ihre Wildgerichte bekannt. Jäger der Umgebung liefern das Fleisch von Hirsch und Reh, das zu Gulasch und Braten verarbeitet wird, der Speck kommt von den eigenen Schweinen. Die Gäste bestellen gern Ossobuco

Mauslochalm

(Kalbsstelze) mit Tomatensauce, Bockenes (Ziegenbraten) und Schöpsernes (Jung-Hammelbraten). Für die Kuchen, etwa den Apfelblechkuchen, ist Resi zuständig. Es wird Fassbier gezapft, verschiedene Säfte sind selbst gemacht, die Schnäpse von Latsche, Zirbe und Enzian selbst angesetzt. Bei all diesen Köstlichkeiten verwundert es kaum, dass besonders viele Einheimische die Alm besuchen und hier gern Familienfeste feiern.

DIE MAUSLOCHALM

Die zweite der Einkehrstationen auf unserem Almenweg ist die Frantschalm, die aber allgemein „Mauslochalm" genannt wird. Im Schutz von Lärchen und einer felsigen Böschung liegt die Alm auf einem ebenen Wiesenboden. Auf der großen Sonnenterrasse und den Liegestühlen fühlen sich die Gäste wohl, Kinder turnen auf den Spielgeräten. Irmgard Witt, unterstützt von Sepp Mitterhofer, kümmert sich um Service und Küche, an den Wochenenden helfen die Töchter Silke und Sonja aus.

🍴 Werktags gibt es herzhafte Hüttenkost: Knödel mit Salat oder Gulasch, Omeletten und Schmarrn, Spiegeleier mit Bratkartoffeln und Speck und natürlich die Jausenbrettln mit Käse, Speck und Kaminwurzen. An Sonntagen kommt immer ein Braten auf den

🐀 WIE DIE MAUSLOCHALM ZU IHREM NAMEN KAM

Wo jetzt ein stattliches gemauertes Haus steht, war einst eine kleine Almhütte mit einer niedrigen Tür. Ein Hirte, der eintreten wollte, stieß sich den Kopf am Türbalken und fluchte: „Isch des a Mausloch do!" Der Hirte starb, die Alm wurde umgebaut, der Name aber blieb. Als vor 30 Jahren die neue Hütte errichtet wurde, gab man ihr den Namen des dahinter aufragenden Frantschberges, den aber kaum jemand benutzte.

Tisch, je nach Angebot der Jäger stammt das Fleisch von Hirsch, Reh oder Gams, berühmt ist das Schöpserne. Für die Mehlspeisen sind Nico und Davide zuständig, die beiden haben die Leidenschaft fürs Kuchenbacken von ihrer Oma geerbt. So gibt es abwechselnd Kastanien-, Mohn- oder Apfelstrudel, Käsesahne- und Schokotorte. Bei den Getränken stechen die hausgemachten Säfte aus roten und schwarzen Johannisbeeren, Himbeeren, Erdbeeren, Melisse und Holunderblüten hervor. Geschätzt wird der rote Eigenbauwein eines Bauern aus dem Überetsch.

DIE TABLANDER ALM

Die letzte der Almen auf unserem Weg ist die Tablander Alm. Beim Haus lädt eine Naturkegelbahn zu geselligem Spiel ein. In einem separaten Holzhäuschen gibt es drei kleine Zimmer zum Übernachten. Geheizt wird mit dem Strom vom hauseigenen kleinen E-Werk.

Es muss nicht immer Fleisch sein, wie die wechselnden Tagesgerichte beweisen: Brennnessel-, Kresse- oder Bärlauchnocken auf marinierten Tomaten, Kartoffelteigtaschen mit den unterschiedlichsten Füllungen, etwa mit Gorgonzola-Walnuss oder Mangold. Köstlich sind auch der Gersten-Lauch-Risotto und die Radicchioknödel, in letztere wird neben gedünstetem auch etwas fein geschnittener roher Radicchio gegeben, dazu passt die Gorgonzolasoße. In den Schmarrn kommen die unterschiedlichsten Früchte wie Birnen, Äpfel, Marillen oder Zwetschken. Auch die Säfte und die verschiedenen Mehlspeisen sind hausgemacht.

INFOS IN KÜRZE

➲ **Zetnalm**, Resi und Hans Aster, Tabland-Naturns, Tel. 335 6918648 oder 333 8586023, geöffnet von 1. Mai bis Ende Okt.

➲ **Mauslochalm**, Irmgard Witt und Sepp Mitterhofer, Tabland-Naturns, Tel. 335 8262390, geöffnet von Mai bis Okt.

➲ **Tablander Alm**, Infos: Tourismusverein Kastelbell-Tschars, Tel. 0473 624193, www.kastelbell-tschars.com.

🚗 In Naturns durch die Bahnhofstraße zu den Sportplätzen, an diesen vorbei und die schmale Asphaltstraße bergauf Richtung Nörderberg; die Zufahrt geht nach ca. 8 km in eine unbefestigte Straße über und führt bis zum Parkplatz Kreuzbründl (10 km Fahrstrecke).

Tablander
Alm

DIE ALMENRUNDE

Wenige Gehminuten vom Parkplatz Kreuzbründl (1581 m) biegt rechter Hand der breite Weg Nr. 5A ab, der sich bald zu einem Steig verengt und in einer halben Stunde zur Zetnalm führt. Von dort wandern wir auf dem „Almenweg" zuerst zur Mauslochalm und weiter zur Tablander Alm, teilweise sind die Steige recht schmal. Von der Tablander Alm geht es zunächst auf derselben Strecke zurück, nach 20 Minuten nehmen wir bei einer Weggabelung den linken Steig, der bald darauf als breiter Forstweg zurück zum Ausgangspunkt, dem Parkplatz Kreuzbründl, führt.

⌛ 3 Stunden 50 Minuten, ⟼ 12,5 km, ⊗ 600 Höhenmeter
Von Naturns zum Parkplatz verkehrt im Sommer ein Shuttlebus. Infos zum Fahrplan: Tel. 335 6523230, shuttle-platzgummer@rolmail.net

AUF DIE NATURNSER HOCHWART

Sowohl von der Zetn- als auch von der Mauslochalm kann der Gipfel der Hochwart (2608 m) in einer steilen Wanderung erklommen werden (von der Zetnalm ist es Steig Nr. 5A, von der Mauslochalm Weg Nr. 5). Der erste Teil geht im Zickzack durch Almgelände, der zweite Teil bis zur Nörderscharte steil durch gestuftes Blockwerk, ab der Scharte verläuft das letzte Steigstück mit atemberaubender Aussicht bis zum Gipfel. Der Blick geht dabei im Westen zu den hohen Ultner Bergen und im Osten zu den fernen Dolomiten.

⌛ für Auf- und Abstieg 3½ bis 4 Stunden, ⟼ 6 km, ⊗ 770 bzw. 870 Höhenmeter, je nach Ausgangsalm

12 BOCKERHÜTTE, DORF TIROL

Im Nordwesten Merans steigen die Flanken der Mutspitze jäh auf, in extremer Steillage klammern sich einige Bauernhäuser, die Muthöfe, an den Berg. Mittlerweile sind die Höfe durch eine Seilbahn und einen Güterweg erschlossen. Am Osthang der Mutspitze, im Spronser Tal, liegt auf 1700 m die Bockerhütte. Den Namen hat sie vom dahinter liegenden Bockberg, auf dem früher Ziegen weideten.

Die Bockerhütte, die Bauern aus Dorf Tirol gehört, wird bereits seit vielen Jahren von der Familie Schnitzer geführt. Der Weg zur Hütte ist streckenweise steil und durchaus anspruchsvoll. Umso größer ist dann die Genugtuung, die herzhafte Kost von Ilse Schnitzer zu genießen.

Neben den traditionellen Hüttengerichten werden Braten von Schaf und Ziege, saures Rindfleisch, gekochte und angeselchte Hauswurst, selbst geräucherter Speck, Frischkäse, Naturjoghurt mit frischen Früchten und Almbutter aufgetischt. Als Nachtisch gibt es Apfelstrudel und meist mehrere Kuchen. Für den Service ist Edmund Schnitzer zuständig, neben Fassbier und offenem Wein empfiehlt er gern eine kleine Auswahl an Südtiroler Flaschenweinen.

☞ DIE SPRONSER SEEN – DIE GRÖSSTE HOCHALPINE SEENPLATTE

Am Ende des Spronser Tales, nördlich der Mutspitze, liegen die zehn Spronser Seen. Der größte, der Langsee, ist beachtliche 20 ha groß, 45 m tief und fischreich – es tummeln sich Saiblinge darin. Diese hochalpinen Bergseen in einer Höhe zwischen etwa 2000 und 2600 m entstanden nach dem Rückzug der Gletscher. Der Große Milchsee, einer der höchstgelegenen, trägt meist noch im Juni eine Eisdecke. Die Seenplatte ist Teil des Naturparks Texelgruppe. Wer die vorgeschlagene Rundwanderung etwas ausdehnt, kann mit einer Zugabe von 2½ Stunden einige der Seen erwandern.

RUNDWEG SEILBAHN HOCHMUTH – BOCKERHÜTTE – DORF TIROL

Von der Bergstation der Seilbahn beim Hochmuter-Hof (1362 m) wandern wir auf Weg Nr. 22 bis zum Berggasthaus beim Mutkopf und weiter Richtung Bockerhütte. Der abenteuerliche, teilweise gepflasterte und mit Felsstufen versehene Steig zur Hütte (Nr. 22, 22B), der steile Wiesen, Wälder mit uralten, mächtigen Fichten und felsdurchsetzte Bergflanken quert, zu tollen Aussichtspunkten führt und unvergleichliche Tiefblicke auf das Meraner Becken und das Etschtal bietet, ist der eigentliche Höhepunkt dieses Ausflugs. Für den Abstieg durch das Spronser Tal wählen wir Weg Nr. 6 (mittelschwieriger Bergsteig), wandern am rauschenden und schäumenden Finelebach entlang zum Longfallhof (Einkehr, Tel. 0473 923674, Fr. Ruhetag) und weiter nach Dorf Tirol zur Talstation der Seilbahn.

⏳ 4 Stunden 40 Minuten, ⇥ 11,7 km, ⊕ 590 Höhenmeter Aufstieg und 1250 Höhenmeter Abstieg

INFOS IN KÜRZE

⊕ **Schutzhaus Bockerhütte**, Fam. Schnitzer, Dorf Tirol, Tel. 0473 945544 oder 349 7707626 bzw. 347 3206553, www.bockerhuette.com

🕑 Von Mitte Apr. (Ostern) bis Ende Okt. geöffnet. Übernachtungsmöglichkeit

🚗 Dorf Tirol, gebührenpflichtiger Parkplatz an der Talstation der Seilbahn Hochmuth.

13 SCHNEIDALM, PFELDERS

Auf der Sonnenseite von Pfelders, unter den Hängen des 3475 m hohen Seelenkogels, breiten sich steile, arten- und blumenreiche Bergwiesen aus. Auf einem Rundweg erwandern wir diese ursprüngliche Almregion und die am Weg gelegene urige Schneidalm. Dabei bieten sich immer wieder reizvolle Ausblicke auf die mächtige Passeirer Bergwelt.

Die Schneidalm (2159 m) liegt wie ein Adlerhorst auf einem kleinen Geländevorsprung und schaut weit übers Tal. Pfelderer Bauern schicken hier für sechs Wochen rund 50 Stück Jung- und Galtvieh in die Sommerfrische, Heidi Hofer und Werner Ennemoser bewirtschaften die Alm, ihre zwei pfiffigen Buben leisten ihnen Gesellschaft.

🍴 Einige Melkkühe versorgen die Alm mit Milch, woraus Butter, Frischkäse, Buttermilch und Joghurt gewonnen werden. Gelegentlich werden Paarln aus Roggenmehl (Vinschgerln) gebacken. Das beliebteste Gericht der Gäste sind die Knödel mit Speck, Käse, Spinat und, wenn die Saison ist, mit Pfifferlingen. Dazu gibt es Gulasch und Salat, im August auch Bockenes (Ziegenbraten). Heidi ist leidenschaftliche Kuchenbäckerin, abwechselnd verwöhnt sie die Wanderer mit Linzer- oder Buchweizentorte und Apfelstrudel. Einen Besuch wert ist die erstaunliche Felsentoilette, die unter einem Felsvorsprung versteckt ist.

EIN ELDORADO FÜR BOTANIKER

Die Bergwiesen unterhalb der Schneidalm sind unter Botanikern berühmt wegen ihres Artenreichtums. Auf den Feuchtwiesen, die an den Lärchenwald anschließen, finden wir Wollgras und Geflecktes Knabenkraut, auf den Trockenrasen Brunellen (Kohlröschen), Arnika, die Bärtige Glockenblume, Alpenwundklee und schöne Polster von Thymian, um nur die häufigsten zu nennen. Besonderheiten sind der Allermannsharnisch, eine gelb-weiß blühende stattliche Lauchpflanze, und die wunderschöne, strahlend weiße Paradieslilie *(Paradisea liliastrum)*.

RUNDWANDERUNG VON PFELDERS ZUR SCHNEIDALM

Vom Parkplatz beim Grünbodenlift beginnen wir unsere Wanderung, gehen zwischen den Häusern von Pfelders hindurch, überqueren den Bach und gelangen dann auf breitem Wiesenweg zum Bauernhof Zeppichl (Markierung Nr. 24, Meraner Höhenweg). Der nun schmaler werdende Feldweg geht durch schütteren Lärchenwald, bei einem Gatter biegen wir rechts ab (Nr. 44B), es geht nun in vielen Windungen über die Baumgrenze hinauf zur Schneidalm. Für den Rückweg nehmen wir Weg Nr. 6A, er bringt uns auf einem holprigen Steig über steile Hänge, Kare, einen Bach und zuletzt Weiden ins Tal.

⧗ 3 Stunden 10 Minuten, ⊢→ 7,5 km, ◈ 540 Höhenmeter

INFOS IN KÜRZE

⊙ **Schneidalm**, Heidi Hofer und Werner Ennemoser, Pfelders-Moos, Tel. 333 5211421

⊙ Von Mitte Juni bis Ende Sept. ohne Ruhetag geöffnet.

🚗 In Moos die Timmelsjochstraße verlassend, links nach Pfelders abbiegen, am Dorfeingang großer Parkplatz an der Talstation des Grünbodenlifts

14 OBERGLANEGGALM, TIMMELSJOCH

*Das Hinterpasseier ist wohl eines der abgelegensten Gebiete Süd-
tirols. Nach Moos gewinnt die Straße rasch an Höhe, wechselt die
Talseite und windet sich nun in Serpentinen über Hochalmen, die
von einem Kranz mächtiger, vergletscherter Dreitausender umgeben sind, immer höher hinauf, dem Timmelsjoch (2509 m) und
dem österreichischen Ötztal entgegen.*

Knapp unterhalb des Timmelsjochs, 15 Gehminuten von der Straße
entfernt, liegt auf 2062 m die Oberglaneggalm, die mit einem
interessanten Detail aufwarten kann: Während eine Alm normaler-
weise die „Dependance" eines Bauernhofes ist, wo das Vieh im
Sommer weidet, gehört die Oberglaneggalm zu keinem Bauernhof.
Die Geißen und Kühe überwintern im Tal „in Miete" bei anderen
Bauern. 1953 wurde die alte Almhütte abgerissen und eine neue
gebaut, 1979 der Ausschank eröffnet, denn die Timmelsjochstraße
brachte auch Wanderer. Junior Franz-Josef Pixner hat mittlerweile

INFOS IN KÜRZE

→ **Oberglaneggalm**,
Fam. Pixner, Timmelsjoch-
straße, Rabenstein, Moos in
Passeier, Tel. 348 8024400

🕐 Von Juni bis
Okt. geöffnet.

🚗 Von Moos in Passeier sind
es 7,2 km auf der Timmelsjochstraße bis zum Parkplatz an
der fünften Kehre nach dem
Gasthaus Hochfirst (2022 m).

das Ruder in der Hand. Neben der herzhaften Küche trägt auch die Freundlichkeit der vielen Familienmitglieder, die mithelfen – allen voran Schwester Birgit, die im Winter als Lehrerin und im Sommer als Köchin auf der Alm arbeitet – zum guten Ruf der Almwirtschaft bei.

🍴 Da gibt es das Bauernbratl (Kartoffeln mit Rippchen), Ziegenbockbraten, wo das Fleisch zuerst gebeizt und dann gebraten wird, Kitz, Gulasch, Kuchen und Strudel, Joghurt-, Sacher- und Biskuittorten – um nur einige der Leckereien aufzuzählen. Der Joghurt ist natürlich hausgemacht!

🖐 DIE TIMMELSJOCH-HOCHALPENSTRASSE

Das Timmelsjoch (2491 m) ist der höchstgelegene, mit Auto befahrbare Grenzübergang Österreichs und einer der höchsten Pässe der Alpen. Ab dem Baubeginn unter Benito Mussolini im Jahr 1933 dauerte es insgesamt 35 Jahre, bis die Verbindung als Mautstraße in beide Richtungen offiziell freigegeben werden konnte. Das Timmelsjoch ist in ein über EU-Mittel mitfinanziertes Straßenprojekt eingebunden, an mehreren Haltepunkten informieren auffällige Architektur-Skulpturen über Geschichte, Natur, Kultur, Gesellschaft und Wirtschaft der beiden Grenztäler.

👟 RUNDWEG ZUM SEEBERSEE

An der Timmelsjochstraße befinden sich in der fünften Kehre nach dem Gasthaus Hochfirst ein Parkplatz und eine Bushaltestelle. Der ebene Weg Nr. 43A führt uns von dort in 15 Minuten zur nahen Oberglaneggalm. Nun weiter auf einem Steig in stetem Auf und Ab taleinwärts, die Bergwiesen querend, in einer Stunde zum malerischen Seebersee, der zu Füßen vergletscherter Gipfel liegt. Anschließend wandern wir auf Weg Nr. 43 talauswärts zur tiefer gelegenen Seeberalm (Einkehrmöglichkeit, Tel. 348 0393673), dann weiter auf Weg Nr. 20A bis zu einem Parkplatz und von dort wieder kurz aufwärts Richtung Oberglaneggalm (Nr. 20) und zurück zum Ausgangspunkt.

⏳ 2½ Stunden, ↦ 8,3 km, ⊕ 380 Höhenmeter

15 : WANNSER ALM, PASSEIER

Bei St. Leonhard gabelt sich das Passeiertal, ein Arm führt Richtung Hinterpasseier und Timmelsjoch, dem Übergang nach Österreich, der andere nordwärts zum Jaufenpass. Von letzterem zweigt beim Dörfchen Walten das Wannser Tal zu den Sarntaler Bergen hin ab. Die gleichnamige Alm liegt in Bachnähe auf einem geschützten Wiesenplatz auf 1641 m.

Die offizielle Bezeichnung wäre Wannsertalalm, aber daran hält sich niemand. Seit vielen Jahren sind Karl und Ida Augscheller die Hüttenpächter, sie versorgen das Vieh von Bauern aus dem Passeier und dem Burggrafenamt und bewirten die Gäste. Aus der Milch werden Butter und der bekannt gute Graukäse gemacht, wegen dem viele Einheimische zur Alm kommen. In der Hütte gibt es kein elektrisches Licht, lediglich romantische Kerzenbeleuchtung, ein Stromaggregat liefert gerade mal genügend Energie für die Melkmaschine.

🍴 Täglich wird frisches Roggenbrot gebacken, die Paarln. Auf Bestellung gibt es längst vergessene Köstlichkeiten wie Rahmmus oder den Plentenen Riebl, gerösteter Buchweizenbrei. Werktags sind einfache Hüttengerichte und Apfelstrudel im Angebot, an Sonn- und Feiertagen gibt es außerdem Braten von Schaf oder Ziege und verschiedene Kuchen.

DIE JOHANNES-NEPOMUK-PROZESSION IN WALTEN

Der hl. Johannes Nepomuk war Beichtvater der böhmischen Königin. Der König ließ ihn vergeblich foltern, um die Sünden seiner Frau zu erfahren, schließlich ließ er ihn in der Moldau ertränken. Man schrieb das Jahr 1393. Johannes Nepomuk wird in Tirol als Wasserheiliger verehrt, es gibt zahllose Brücken, an denen eine Johanneskapelle oder -statue steht und vor Hochwasser schützen soll. Beim Fest des Heiligen im Juni zieht die Bevölkerung von Walten in einer Prozession von der Dorfkirche taleinwärts zum Wannser Bach, eine lebensgroße Statue des Heiligen wird mehrmals an einem Seil über das Wasser gezogen und anschließend zum nahen St.-Johann-Kirchlein getragen. Die feierliche Veranstaltung klingt schlussendlich mit einem feuchtfröhlichen Fest aus.

 ## RUNDWEG ZUR WANNSER ALM

Ausgangspunkt ist der Wannser Hof (1410 m) mit dem Johanneskirchlein. Wir gehen auf Steig Nr. 15 am Waldrand entlang zum Sailerbach, überqueren ihn und wandern durch schönen Lärchenwald mit Blick ins Passeiertal zur Seebergalm (1712 m, einfache Einkehr, 1 Stunde), dann weiter, am romantischen Seebergsee vorbei, links über einen Sattel und nun auf Weg Nr. 14A steil, teils über Stiegen und durch Wald  zur Wannser Alm (1 Stunde 40 Minuten). Von der Wannser Alm auf breitem Weg (Nr. 14) talauswärts zum Wannser Hof zurück.

⏱ 2 Stunden 10 Minuten, ⟼ 6 km, ⊘ 400 Höhenmeter

INFOS IN KÜRZE

→ **Wannser Alm**, Karl und Ida Augscheller, Walten-St. Leonhard, Tel. 348 2640558, daniel.augscheller@gmail.com

🕐 Von Anfang Juni bis Mitte Okt. ohne Ruhetag geöffnet.

🚗 Nach St. Leonhard in Passeier von der Jaufenpassstraße bei Walten rechts abfahren Richtung St. Johann bis zum Parkplatz beim Wannser Hof.

16 | RIEMERBERGLALM, ULTEN

Das Ultental ist – obwohl nur 30 km vom Tourismusmagneten Meran entfernt – eine Oase der Ruhe, in der sich noch viel von der ursprünglichen Bergbauernwelt erhalten hat. Die schmucken Dörfer liegen großteils im Talboden und sind allesamt nach Heiligen benannt: St. Pankraz, St. Walburg, St. Nikolaus und St. Gertraud. Der Sage nach trieben im Tal so viele Teufel ihr Unwesen, dass die Siedlungen himmlischer Schutzmächte bedurften.

An den steilen, aber sonnigen Flanken des Larcherberges, oberhalb der auf Rodungsinseln verstreuten schönen Bauernhöfe liegt die urige, ganz in Holz errichtete Riemerberglalm auf 2040 m. Die Alm ist Gemeinschaftsbesitz von drei Bauern, entgegen ihrem rustikalen Erscheinungsbild ist sie innen zeitgemäß ausgebaut, ein Matratzenlager bietet bis zu 14 Personen einfache, saubere Unter-

INFOS IN KÜRZE

Riemerberglalm,
Fam. Karnutsch,
Simian 505,
St. Walburg-Ulten,
Tel. 348 7930398

Von Anfang Juni bis Mitte Okt. ohne Ruhetag geöffnet. Im Winter wird gegen Voranmeldung gelegentlich für Winter- und Schneeschuhwanderer geöffnet.

In St. Walburg (unmittelbar vor dem Stausee) rechts von der Talstraße Richtung Larcherberg abbiegen und über die Höfestraße ca. 6 km bis zum Parkplatz kurz vor dem Simianhof fahren.

kunft. Die meisten Gäste kommen jedoch wegen der tollen Aussicht, dem leichten Zugangsweg, den freundlichen Gastgebern und der guten Küche. Es ist ein echter Familienbetrieb: Vater Richard Karnutsch, Tochter Sarah – sie hat eine solide Ausbildung in Küche und Gastgewerbe – und Sohn Tobias helfen alle mit.

 Des Wanderers Lieblingsspeisen sind die einfachen Gerichte: Omeletten, der viel gerühmte Kaiserschmarrn, Knödel, Salate, Spiegeleier mit Speck und Bratkartoffeln, dann das Marendbrettl mit selbst geräuchertem Speck und Kaminwurzen. An Sonn- und Feiertagen wird gegrillt. Die Schnäpse sind selbst angesetzt, sehr zu empfehlen ist der Kranewitter, wie hier der Wacholderschnaps genannt wird.

 ZUR RIEMERBERGLALM

Ab dem Parkplatz beim Simianhof (1720 m) folgen wir der Markierung Nr. 4 und gelangen in mittelsteilem, knapp einstündigem Waldanstieg auf dem alten Almweg zum Riemerbergl. Rückweg wie Aufstieg.

⏳ 1 Stunde 45 Minuten (hin & retour), ↦ 4,2 km, 🌐 320 Höhenmeter

ZUM HOHEN DIEB

Zusätzlich ein schöner Aussichtsgipfel gefällig? Von der Alm geht Weg Nr. 4 weiter, zunächst in Serpentinen bergauf, dann in langer, teils ebener, teils leicht ansteigender Querung der freien Hänge hinein zur Kofelrast (einst Raststätte der Pilger, die in den Vinschgau wanderten), nun kurz hinauf zum südlichen Kofelraster See (2405 m) und von dessen Westufer auf markiertem Bergsteig etwas steil, aber problemlos empor zum Gipfelkreuz (2712 m) und dem wenig höheren Gipfel des Hohen Diebs (2723 m), der aufgrund seiner freien, gegen das Ultental vorgeschobenen Lage eine prächtige Aussicht bietet. Rückweg wie Hinweg.

⏳ ab Alm 3 Stunden 40 Minuten, ↦ 10 km, 🌐 700 Höhenmeter

17 UNTERE KESSELALM, DEUTSCHNONSBERG

Im äußersten Südwesten Südtirols, an der Grenze zum Trentino, liegen die vier Dörfer vom Deutschnonsberg: Laurein, Proveis, St. Felix und Unsere liebe Frau im Walde. Eine neue Straße und ein Tunnel verbinden diese einst abgeschiedene Wald- und Wiesenlandschaft mit dem Ultental, verkürzen und erleichtern somit die Anfahrt wesentlich. Die Gegend bietet ungewöhnliche Ausblicke zu den Bergen von Adamello und Brenta sowie ideale Voraussetzungen für erlebnisreiche Wanderungen auf kaum begangenen Wegen.

Im Jahr 2008 wurde die schmucke Almhütte von Proveiser Bauern neu gebaut, sie treiben hier etwa 75 Stück Vieh auf die Sommerweiden. Während sich ein Hirte um die Rinder kümmert, betreiben Heidi und Paul Zöschg den Ausschank.

🍴 Weil die Alm an der italienisch-deutschen Sprachgrenze liegt, hat sich Heidi ein besonderes Gericht ausgedacht: Spaghetti

mit Zirmpesto, italienische Nudeln kombiniert mit dem Geschmack der Berge aus den Zapfen der Zirbelkiefer. Natürlich gibt es auch die ganze Palette der traditionellen Almküche, von Knödeln über Omeletten bis hin zur Polenta aus dem Kupferkessel mit den obligaten Pilzen bzw. Pfifferlingen. Der Speck ist hausgeselcht, der gute Käse kommt von den Sennereien der italienischen Nachbardörfer. Auf Anfrage gibt es auch eine Übernachtungsmöglichkeit.

DER ERLEBNISWANDERWEG NACH PROVEIS

Die großteils unbekannte und doch so reizvolle Landschaft des Deutschnonsbergs wird seit Kurzem von einem Erlebniswanderweg durchzogen. Er beginnt am Parkplatz Hofmahd und führt auf einer gemütlichen und abwechslungsreichen Wanderung, ohne große Steigung, eher mit leichtem Gefälle, an 14 Erlebnisstationen vorbei, welche auf Besonderheiten der Kultur und Landschaft dieses Grenzgebiets hinweisen. Themen sind die Unterschiede in der italienischen und deutschen Almwirtschaft, der einstige Abbau von Erzen, die Pflanzen- (Wald, Weiden, Orchideen) und die Höfewelt. Zu sehen ist außerdem eine renovierte Wassermühle mit Glasguckfenster, Wassertretanlagen am Bach machen müde Füße wieder fit.

⏳ Reine Gehzeit: 1½ Stunden, Zeitbedarf ca. 3 Stunden, ⟼ 5 km, 〰 280 Höhenmeter im Abstieg, keine nennenswerten Anstiege. ⓘ Shuttledienst von Proveis zum Parkplatz zurück, Tel. 339 6984857.

ZUR UNTEREN KESSELALM

Vom Parkplatz nach dem Scheiteltunnel, dem sogenannten Hofmahd-Parkplatz, kommen wir auf gutem, breitem Weg (Nr. 8) in 15 Minuten zur Clazner Alm (Einkehrmöglichkeit, Tel. 339 7502371), weiter zur Rawauer Alm und nun auf schönem Waldsteig zur Unteren Kesselalm (1650 m). Rückweg wie Hinweg.

⏳ 1 Stunde und 10 Minuten (hin & retour), ⟼ 2,1 km, 〰 keine nennenswerte Höhendifferenz

INFOS IN KÜRZE

→ **Untere Kesselalm**, Heidi und Paul Zöschg, Proveis, Tel. 338 6774402

🕐 Von Anfang Juni bis Ende Okt. ohne Ruhetag geöffnet.

🚗 Auf der Landesstraße Ulten–Proveis nach dem langen Scheiteltunnel Parkplatz Hofmahd (1690 m).

18 : MOSCHWALDALM, HAFLING

Vom Meraner Zweigestirn Hirzer und Ifinger verläuft ein breiter welliger Höhenrücken Richtung Süden, an seinen Flanken liegen sonnig und frei Wälder und weite Wiesen, ein ideales Wandergebiet. Darin eingestreut finden wir Ausflugsgasthäuser und Almwirtschaften, eine ist die ursprüngliche und gut geführte Moschwaldalm auf 1754 m.

Die Alm ist im Besitz der Locher-Bauern von Hafling, die im Sommer auf die umliegenden Weiden ihr Vieh auftreiben. Elisabeth und Sepp Reiterer bewirtschaften seit Jahren die Alm, je nach Bedarf werden sie dabei von anderen Familienmitgliedern unterstützt.

Neben Knödeln, Gulasch, Bratkartoffeln, Spiegeleiern mit und ohne Speck, Omeletten und Schmarrn kommt an Sonn- und Feiertagen immer abwechselnd ein Bratengericht vom Schaf (Schöpsernes), Schwein, Ziege (Kitz oder Bockenes) oder Kalb auf die Karte. Das Herrengröstl, Bratkartoffeln mit Geschnetzeltem vom gekochten Rindfleisch, wird mit Speckkrautsalat serviert, der Speck am Brettl ist hausgemacht, ebenso die Säfte aus Holunderblüten, Zitronenmelisse, Pfefferminze und Johannisbeeren. Allge-

INFOS IN KÜRZE

Moschwaldalm, Fam. Reiterer, Locherweg 32, Hafling, Tel. 339 6342587 oder 340 9878698, moschwald@live.de

Von Mitte Mai bis Anfang Nov. ohne Ruhetag geöffnet.

Von Hafling bis zum gebührenpflichtigen Parkplatz an den Aufstiegsanlagen von Falzeben.

mein gelobt werden der Apfelstrudel aus Mürbteig sowie die guten Kuchen und Torten. Die Schankweine kommen von der Kellereigenossenschaft St. Michael-Eppan, die in Schnaps angesetzten Kräuter oder Enzianwurzeln renken den Magen wieder ein.

 DIE ALMENRUNDE

Die Rundwanderung beginnt am Parkplatz in Falzeben oberhalb von Hafling, auf 1620 m. An der Talstation der Kabinenbahn nehmen wir den breiten Wanderweg und folgen den Wegweisern und der Markierung Nr. 14 aufwärts, entlang der begrünten Skipiste, an der Zuegg-Hütte vorbei und queren endlich Bahn und Gestänge der Sommerrodelbahn „Alpinbob". Nach der Rotwandhütte (bis hierher 20 Minuten) ist der Trubel der Aufstiegsanlagen und der Hotelsiedlung vorbei. Der Weg geht nun eben durch schütteren Wald taleinwärts mit prächtigen Ausblicken übers Etschtal, zur Mendel und den Ultner Bergen, bis zu den Wiesen, wo wir bei einer Gabelung den Weg Nr. 17 einschlagen.
Es geht leicht abwärts zum Sinichbach, über eine kleine Holzbrücke und nun an der linksseitigen Talseite mäßig aufwärts und dann eben bis zur Abzweigung eines Waldsteiges, der uns zur Maiser Alm bringt (Einkehrmöglichkeit, Tel. 338 1729112, ab Falzeben 1 Stunde und 40 Minuten). Die Alm liegt versteckt in einer Mulde, wir nehmen jetzt den breiten Forstweg (Nr. 51), der uns in 10 Minuten zum Ziel, zur Moschwaldalm führt, die frei und aussichtsreich am Rand heller Lärchenwälder und weiter Wiesen liegt. Kurz nach der Alm führt ein gepflasterter Waldweg abwärts zum Sinichbach und auf der gegenüberliegenden Seite als breiter Waldweg leicht aufwärts zum Parkplatz von Falzeben (ab Moschwaldalm 50 Minuten).

⏳ 3 Stunden, ⟼ 12 km, 🌐 350 Höhenmeter

19 : WURZERALM, HAFLING

Auf dem sonnigen Hochplateau, das von den beiden Meraner Hausbergen Ifinger und Hirzer gegen das Bozner Talbecken hin ausläuft, liegen einige Dörfer und ausgedehnte Wälder und darüber, oberhalb der Baumgrenze, weite, aussichtsreiche und sanft gewellte Almböden. In Hafling bringt uns eine Rundwanderung zu unserem Ausflugsziel, der Wurzeralm.

Die Bauern aus Hafling bringen Pferde, Jung- und Galtvieh auf die Weiden der Alm. Um das Vieh kümmert sich der Hirte Markus Kaserer, den Ausschank hat seine Frau Ulli über; die beiden bewirtschaften bereits seit fast zwei Jahrzehnten die Alm. Ulli hat das Handwerk von der Pike auf gelernt und in verschiedenen Hotels hinter dem Herd gestanden, eine Erfahrung, die sie auf der Wurzeralm gut einbringen kann.

INFOS IN KÜRZE

→ **Wurzeralm**,
Ulli und Markus Kaserer,
Wurzerweg 38, Hafling,
Tel. 339 6096926,
ulli@wurzer-alm.com

🕐 Von Palmsonntag bis
Anfang Nov. ohne Ruhetag
geöffnet.

🚗 Anfahrt von Meran
nach Hafling bis zum
gebührenpflichtigen
Parkplatz nahe der Kirche.

Ihre Spezialität sind Gerichte von Ziege und Schaf: Lamm-braten, Bockenes (Ziegenbraten), Kaminwurzen, Hauswurst mit Knödeln und Krautsalat. Außerdem verschiedene Knödel und Nocken, Nudelgerichte, Schmarrn, Omeletten, Salatteller mit gebratenem Ziegenkäse, gemischte Jausenbrettln mit Pellkartof-feln, Buttermilchmixgetränke, hausgemachte Säfte und Kuchen sowie Topfen- und Apfelstrudel.

🐎 DIE HAFLINGER PFERDE

Die Haflinger Pferde, die zu den Kleinpferderassen gehören, wur-den ursprünglich als Zug- und Saumpferde eingesetzt, um die Kur-gäste von Meran nach Hafling zu transportieren, daher die Bezeichnung „Haflinger". Aufgrund seines gutmütigen Charakters wird der Haflinger gerne als Freizeit- und Sportpferd, von Reitan-fängern sowie für Kutsch- und Schlittenfahrten genutzt. Heute ist er ein Markenzeichen Südtirols.

👟 AUF DER DREI-ALMEN-RUNDE ZUR WURZERALM

In Hafling (1290 m) beginnt unser Weg Nr. 2, der über Wiesen, an den letzten Häusern des Dorfes vorbei, immer leicht aufwärts auf den Wald zugeht. Dort verlassen wir die Asphaltstraße und gehen auf einem teilweise holprigen uralten Plattenweg, an einem Weiher vor-bei, über Wurzelwerk zu den Wie-sen und dem Haus der Wurzeralm (1707 m, 1 Stunde 20 Minuten). Auf  einem neu und schön angelegten Waldsteig erreichen wir in der Folge das Wiesenplateau mit der frei und aussichtsreich liegenden Völaner Alm (1879 m, Brunnen, Einkehr, Tel. 360 320469). Der Ver-bindungssteig Nr. 11A geht abwärts durch Föhrenwald, stößt auf den Weg Nr. 11, der zum Auener Jöchl und den Stoanernen Mandl führen würde, wir aber zweigen rechts ab, ein Waldsteig, parallel zum Forstweg, bringt uns zur Leadneralm (1512 m, Einkehr, Tel. 0473 278136). Kurz nach der Leadneralm führt ein breiter, ange-nehmer Weg (Nr. 16) in sanftem Abstieg, an einem romantischen Teich vorbei, wieder nach Hafling zurück.

⌛ 4 Stunden 10 Minuten, ⊩→ 13,5 km, 🗻 670 Höhenmeter

20 | JENESIER JÖCHL, FLAAS

Von der sagenumwobenen Bergkuppe der „Stoanernen Mandln"
laufen die Almen und Wälder nach Süden hin zu den Dörfern Flaas
und Jenesien aus. Die Hochfläche ist ein ideales Wandergebiet mit
schönster Rundumsicht zu den Dolomiten im Osten und zu Texel-
gruppe, Ortlermassiv und Mendel im Westen. Das Jenesier Jöchl,
ein flacher Sattel, bildet einen seit Menschengedenken benützten
Übergang vom Tschögglberg ins Sarntal. Etwas westlich davon, in
einer sonnigen Mulde, liegt die gleichnamige Almwirtschaft.

Wo einst eine urige Hütte stand, erbauten Bauern aus Jenesien
und Flaas vor Jahren ein festes, stattliches Holzhaus. Sommers
wie winters wohnen und wirtschaften hier, auf 1660 m Höhe, die
Pächter Susanne und Seppl Wieser. Seppl kümmert sich nicht nur
ums Vieh auf der Weide, er hilft auch tatkräftig im Service mit,
während Susanne in der Küche regiert, an den Wochenenden wird
sie von Verwandten unterstützt. Die leichten Wanderwege der
Umgebung locken viele Einheimische und Feriengäste an, bei
schönem Wetter ist hier einiges los!

KAMPIDELL

Auf dem Weg zum Jenesier Jöchl liegt inmitten weiter Wiesen die
Häusergruppe von Kampidell – ein seltsamer Kontrast zu dieser
Bergeinsamkeit. Zum Landgut mit Kirchlein, gotischem Herrenhaus,
Prälatenhaus, Bauernhof mit Wirtschaftsgebäude und Gastwirt-
schaft sowie einem neueren Bau aus den 1960er-Jahren gehören
145 Hektar Wald- und Wiesenfläche. Urkundlich wurde Kampidell
bereits im Jahr 1186 als „campedel" erwähnt. Es ist im Besitz des
Bozner Benediktinerklosters Muri-Gries und dient den Patres als
Sommerfrische.

Die Speisekarte ist einfach, die Gerichte werden frisch zubereitet, die Portionen sind groß – da kann man sich das Wienerschnitzel mit Bratkartoffeln, den schöpsernen Braten mit Knödeln, die Omeletten, den Kuchen oder den Apfelstrudel auf der Sonnenterrasse vor dem Haus oder in den zwei gemütlichen Stübchen schmecken lassen!

ZUM JENESIER JÖCHL

Bis vor Kurzem war das Jöchl noch mit dem Auto zu erreichen, jetzt ist beim (gebührenpflichtigen) Parkplatz in Kampidell Schluss. Das ist gut so, ist Seppl Wieser der Meinung, so können Familien mit Kindern und Kinderwagen oder ältere Menschen sicher und bequem auf Weg Nr. 8 und 5 zur Alm gelangen.

⏳ 1 Stunde 40 Minuten (hin & retour), ⊢→ 6 km, 🜨 230 Höhenmeter

ZU DEN STOANERNEN MANDLN

Vom Jöchl führt ein abwechslungsreicher Weg (Nr. 5 und 23B) zuerst durch ein Waldstück und dann über einen Almenkamm mit prächtiger Fernsicht und Tiefblicken ins Sarntal bis zur Kuppe der Stoanernen Mandln (2003 m, ab Jöchl 1½ Stunden). Rückweg (Nr. 23A) über die Möltner Kaser (Einkehrmöglichkeit) und einen Waldsteig (Nr. 28) auf den Aufstiegsweg vom Parkplatz bei Kampidell.

⏳ 4 Stunden, ⊢→ 13,5 km, 🜨 600 Höhenmeter

INFOS IN KÜRZE

→ **Jenesier Jöchl,** Susanne und Seppl Wieser, Flaas 52, Jenesien, Tel. 338 9213269

🕐 Von 1. Apr. bis Mitte Nov., im Winter von 26. Dez. bis 10. Feb. ohne Ruhetag geöffnet.

🚗 Von Jenesien über Flaas nach Kampidell, von Mölten über Schermoos nach Flaas und Kampidell. Auch übers Sarntal (Putzerhöfe) erreichbar. Tipp: Im Sommer verkehrt dort der Wanderbus zu den Putzerhöfen. Info: www.sarntal.com.

21 : HAUSERBERGALM, SARNTAL

Der Tschögglberg, der das Etschtal vom Sarntal trennt, läuft im Süden in wald- und wiesenbedeckten Kuppen aus – ein ideales Wandergebiet, sonnig und frei, mit einer tollen Rundsicht. Einer dieser Kuppen, das Schwarzegg, schaut schon Richtung Sarntal und bietet einen beeindruckenden Panoramablick zu den Dolomiten und der gegenüberliegenden Sarner Scharte. Hier liegt die Hauserbergalm, ein einmaliges Plätzchen.

Einst gehörte die Hauserbergalm auf 1767 m wohl zum nahen Hauserhof in Vormeswald, deshalb der Name. Ringsherum, wo jetzt größtenteils Viehweiden sind, wurden die Wiesen früher gemäht. Während dieser Zeit war es Brauch, dass sich die Bauern bei der Hauserbergalm zu einer Stärkung und zu einem Plausch trafen, daraus hat sich mit der Zeit der sommerliche Almausschank entwickelt. Inzwischen gehört die Alm der Familie Gruber vom Rohrerhof in Sarnthein. Anna Gruber, der gute Geist auf Hauserberg, fährt jeden Tag mit ihrem Geländewagen vom Hof auf die Alm, um nach dem Rechten zu sehen und um die Wanderer zu versorgen. Die blumengeschmückten Almhütten mit den Holztischen und -bänken davor, der plätschernde Brunnen, die grandiose Aussicht – all das gibt ein stimmungsvolles Bild.

¶¶ Anna und ihre erwachsenen Kinder sorgen an den Wochenenden für Bratengerichte, gefragt ist dabei das Schöpserne vom Jungschaf aus eigener Aufzucht. Unter der Woche kommen aus der Küche mit dem Holzherd einfache Knödelgerichte, Omeletten, Schmarrn und Bratkartoffeln. An Sonn- und Feiertagen versüßen Krapfen und hausgemachte Kuchen den Speiseplan.

Die Gärtnerei
für drinnen & draußen

---- ✳ ----

Floricultura
per casa e giardino

👟 ZUR HAUSERBERGALM

Zwei Zugangswege führen zur Alm: Einer von der Sarner Seite aus, vom Parkplatz beim Putzerkreuz (1627 m), einem Kirchlein mit Berggasthof. Der Waldsteig (Nr. 21B) führt in 40 Minuten zum Hauserberg, auf der breiten, weniger steilen Forststraße (Nr. 23) benötigen wir 50 Minuten für die 170 Höhenmeter Aufstieg.

🕗 ca. 1 Stunde 20 Minuten (hin & retour),
↦ 4,5 km, 🌐 190 Höhenmeter

Der andere Zugang ist von der Jenesier Seite. Über Flaas erreichen wir den Parkplatz (gebührenpflichtig) bei Kampidell und gehen auf gutem, breitem Weg (Nr. 5) in 50 Minuten zum Jenesier Jöchl, einer guten Einkehrstation, und anschließend über einen flachen Sattel und nun leicht abwärts auf Weg Nr. 23B zur Hauserbergalm.

🕗 insgesamt ca. 4 Stunden, ↦ 13,5 km, 🌐 500 Höhenmeter

Von der Alm aus führt ein leichter Weg (Nr. 23 und 21A) in einer halben Stunde zu einer flachen Senke und einem markanten Aussichtspunkt, den Stallner Wänden. Sie bieten einen spektakulären Ausblick ins tief unten liegende Sarntal, nach Süden in Richtung Bozen und nach Norden bis nach Astfeld.

🕗 ab Alm 1 Stunde (hin & retour), ↦ 3,5 km, 🌐 135 Höhenmeter

INFOS IN KÜRZE

➲ **Hauserbergalm**, Anna Gruber, Hauserberg 28, Sarnthein, Tel. 340 8055694 oder 347 8072661

🕐 Von 1. Juni bis 5. Nov. ohne Ruhetag geöffnet, abends geschlossen

🚗 Von Sarnthein zum Parkplatz bei den Putzerhöfen. **Tipp:** Im Sommer verkehrt täglich der Wanderbus von Sarnthein zu den Putzerhöfen. Infos unter www.sarntal.com oder beim Tourismusverein Sarntal, Tel. 0471 623091.

22 ¦ WALDRAST, SARNTHEIN

Am Fuße der Sarner Scharte, die gemeinsam mit Schloss Reineck über das Dorf Sarnthein wacht, liegt inmitten von Lärchenwiesen und Almweiden die Waldrasthütte, eine Gemeinschaftsalm von Bauern der Sarner Weiler Astfeld, Nordheim, Riedlsberg und Steet. Wegen des einfachen Wegs dorthin, der sonnigen Lage, der schönen Aussicht, der Spielmöglichkeiten für Kinder und der Herzlichkeit der Wirtsleute ist die Alm ein beliebtes Ausflugziel bei Jung und Alt, Einheimischen und Gästen.

🍴 Sepp Nussbaumer, der Gastwirt der Almschenke, ist auch der Hirte, ihm obliegt die Aufsicht über das Vieh auf der Weide: Pferde, Ziegen, Schafe und natürlich Rinder. Seine Frau Hedwig ist für die bodenständige Küche zuständig: Knödel mit Speck, Leber, Rucola, Spinat und Käse, Nocken, Nudelgerichte mit Wildragout, Braten vom „Schöpsernen" (Hammel) und Gulasch an den Wochenenden. Herrlich sind die verschiedenen Kuchen, der Apfelstrudel und die Striezel, gebackene große Teigtaschen aus Roggenmehl, mit Speck gefüllt oder als Beilage zur Fleischsuppe – eine Sarner Spezialität.

🥾 RUNDWEG ZUR WALDRAST

Vom Parkplatz beim Hallerhof folgen wir der Markierung Nr. 3A auf breitem Weg durch Wald, vorbei an Mähwiesen und im letzten Abschnitt über Almweiden mit Lärchenbestand in 50 Minuten zur Waldrasthütte (1756 m). Nun weiter auf einem neuen, breiten Weg, dem leider ein schöner Waldsteig weichen musste, in einer sonnigen, aussichtsreichen Hangquerung zu einem markanten Aussichtspunkt und Bildstock, dem Riedler-Pill (1780 m). Von hier gehen wir auf einem Waldweg zum Tengler, einer Jausenstation mit toller Aussicht Richtung Bozner Talkessel (Tel. 349 3951441). Weg Nr. 3 bringt uns dann über Wiesen zum Parkplatz zurück.

⌛ 2 Stunden 20 Minuten, ↦ 6 km, 🌐 360 Höhenmeter

🥾 ZUR SARNER SCHARTE

Der Ausflug zur Almschenke Waldrast lässt sich mit einer Wanderung zur Sarner Scharte verbinden. Dabei nehmen wir denselben Weg zur Hütte wie oben beschrieben und steigen von der Alm auf Steig Nr. 18A durch Wald und zuletzt Blockwerk und Schrofen zur Sarner Scharte (2458 m) auf. Sobald wir die Geländekante erklommen haben, breiten sich überraschend weite und sanfte Almwiesen aus, der Blick hin zu den Dolomiten, zur Stadt Bozen, dem Etschtal, zu Adamello, Brenta und Ortler ist überwältigend! Der Abstieg erfolgt auf Steig Nr. 3, der sich in vielen Kehren durch die Porphyrfelsen zum Tengler hinabwindet und zuletzt zum Parkplatz zurückführt.

⌛ 5 Stunden, ↦ 10 km, 🌐 970 Höhenmeter, ⚠ anspruchsvoll

INFOS IN KÜRZE

➡ **Waldrasthütte**, Hedwig und Josef Nussbaumer, Sarnthein, Tel. 340 3141173, www.waldrast.eu

🕐 Von Mitte Mai bis Ende Okt. ohne Ruhetag geöffnet.

🚗 Kurz vor der Dorfeinfahrt von Sarnthein, an der Tankstelle, rechts zu den Streuhöfen von Riedlsberg abbiegen und bis zum großen Parkplatz (ca. 1510 m) zwischen Pichler- und Hallerhof fahren.

23 : GETRUMALM, REINSWALD

Hinter Reinswald steigt der Buckel des Pichlberges in die Höhe. Seine Wiesen und Almen laufen auf die Berge zu, die das Sarntal vom Eisacktal trennen, allesamt beliebte Wander- und Skitouren- gipfel, um die 2500 m hoch: Sattele, Plattenjoch, Plankenhorn, Kassianspitz und Getrumspitze. Am Fuße dieser Gipfel liegt sonnig nach Süden ausgerichtet die Getrumalm, die über die Bergstation der Kabinenbahn in einer knappen Stunde leicht zu erreichen ist.

Die Getrumalm ist im Besitz von Reinswalder Bauern, die hier im Sommer 150 Stück Jung- und Galtvieh auftreiben. Die große und gut bewirtschaftete Alm ist für Familienausflüge ideal: keine wei- ten und steilen Wege, Unterhaltung bei den Stationen längs der Strecke, ein Kinderspielplatz am Ziel, viele Tiere, Felsbrocken und Bäume zum Kraxeln, eine große, sonnige und windgeschützte Ter- rasse, gemütliche Stuben und natürlich freundliche Bedienung und gute Küche!

Heiner und Anni Gruber sorgen sich um das Wohl der Gäste: Jeden Tag im Sommer wird frisches Vollkornbrot mit Sonnen- blumen- und Kürbiskernen sowie Leinsamen gebacken, schmack- haft sind der Kalbskopf und das Saure Rindfleisch, vom großen Grill kommen köstliche Grillgerichte – beste Hüttenkost ist hier selbstverständlich.

ÜBER DEN URLESTEIG ZUR GETRUMALM

Der Urlesteig, nach zwei kleinen Tümpeln bei Reinswald benannt, wurde von der Liftgesellschaft angelegt, um den Sommerbetrieb der Bahnen zu fördern. Das Vorhaben ist voll gelungen, der Erlebnisweg wird insbesondere von Familien gern genutzt. Die beschriebene Wanderung verläuft auf einer Teilstrecke des Urlesteigs. Von Reinswald fährt eine Kabinenbahn in wenigen Minuten zur Bergstation Pichlberg auf 2130 m, ein leichter, im Wesentlichen ebener Steig (Nr. 11) führt von dort über von Latschen- und Zirbelkiefern durchsetztes Almgelände, mit tollen Blicken zu den Dolomiten und übers südliche Sarntal bis zur Getrumalm. Unterwegs erfährt der Wanderer so manches über die Sarner Besonderheiten, etwa über die Arbeit des „Reischners", der die Latschenkiefern, hier im Tal „Reischen" genannt, hackt, sammelt und in die Brennerei liefert. Dort wird daraus das gesunde und wohlriechende Latschenkiefernöl gewonnen. Oder über die alten Bergwerke am gegenüberliegenden Seeberg und das harte Almleben der Hirten und Senner. An einem Bächlein treffen wir auf eine urige Kneipp-Wassertretanlage, an heißen Tagen eine willkommene Abkühlung. Nach der Getrumalm geht der Steig (Nr. 7A) weiter, durch das Getrumtal, am rauschenden Bächlein entlang, durch schönsten, von Lichtungen durchsetzten hellen Wald, zu den Reinswalder Mühlen (Einkehrmöglichkeit), um schlussendlich am Parkplatz an der Talstation der Bahn zu enden.

⏳ 3 Stunden, ↦ 9,5 km, ⊕ 100 Höhenmeter im Aufstieg, 700 Höhenmeter im Abstieg

INFOS IN KÜRZE

⊙ **Getrumalm,**
Heiner und Anni Gruber,
Reinswald 28, Reinswald,
Tel. 348 4789091,
gruberheiner@yahoo.de

⊙ Von Ende Mai bis Ende Okt. ohne Ruhetag geöffnet, weiters Weihnachten bis Mitte März. Im Winter Rodelverleih und Rodelbahn ins Tal.

🚗 Parkplatz in Reinswald an der Talstation der Kabinenbahn

24 KRABESALM, ALTREI

Die Wiesen und Wälder auf der sanft gewellten Hochfläche von Altrei charakterisieren das Südtiroler Grenzgebiet zum Trentino, ganz im Südosten des Landes. Dieser Landstrich kann mit keinen hoch aufragenden und markanten Gipfeln aufwarten, sein eigener Reiz liegt in der natürlichen Abgeschiedenheit und der unverbrauchten Naturlandschaft. Im Herzen dieses Gebietes liegt die Krabesalm auf 1540 m.

Die Alm ist Teil eines geschlossenen Hofes und gehört zum Mühlhof in Altrei. Bereits ab den 1960er-Jahren wird sie als Ausflugsgasthaus bewirtschaftet, dank der traumhaften Lage inmitten weiter Wiesen und der vielen Wandermöglichkeiten ist sie ein beliebtes Ausflugsziel. Zur Freude der Kinder gibt es nicht nur eine

☞ DER ALTREIER KAFFEE

Auf den Äckern um Altrei wächst eine blau blühende Pflanze mit erbsenähnlichen behaarten Schoten: Es ist eine Lupinenart, botanisch *Lupinus pilosus Murr*. Die Samen können geröstet, gemahlen und als Kaffeeersatz verwendet werden. Im Rahmen eines EU-Projektes wird diese beinahe vergessene Pflanze wieder angebaut. In Zeiten, wo natürliche Produkte hoch im Kurs sind, räumen Fachleute diesem Kaffeeersatz gute Marktchancen ein. In etlichen Altreier Gaststätten, so auch auf der Krabesalm, wird er auf Anfrage serviert. Mehr unter: www.provinz.bz.it/altreierkaffee.

riesige Spielwiese, vor dem Haus grasen auch ein Esel, etliche Ziegen und Schafe. In der Küche ist mittlerweile der Sohn, Alexander Giovanelli, Chef, an Feiertagen helfen weitere Verwandte mit.

 Die Speisekarte verspricht typische bäuerliche Kost mit leichtem Trentiner Einschlag wie Polenta mit Lucanica (Schweinswurst) oder mit Käse, dazu Pilzgerichte. Üppig das belegte Brot nach Art des Hauses, mit Speck, Käse, Salat, Tomaten und einem Klecks Mayonnaise. Sonntags und in der Hochsaison gibt's Spanferkel vom Grill, als Beilagen neben den Bratkartoffeln auch Sauerkraut und Paprikagemüse. Eine Spezialität, aber nicht unbedingt jedermanns Sache, ist der Altreier Kaffee, ein Kaffeeersatz. Als Desserts sind Waldfrüchte mit Joghurt oder Sahne, Buchweizen- und Karottenkuchen, Linzertorte und Apfelstrudel im Angebot. Eine kleine Auswahl an Südtiroler Flaschenweinen erfreut den Weinkenner.

🐾 ZUR KRABESALM

Unser Ausgangspunkt ist am Dorfeingang von Altrei, wo Weg Nr. 5A startet, ein abwechslungsreicher Steig durch Fichtenwald und Lärchenwiesen. Wir stoßen auf den Weg Nr. 9, der am Biotop Langmoos, einem höchst interessanten Feuchtgebiet und ehemaligen Torfstich, entlangführt. Noch ein kurzer Anstieg und wir sind bei den Wiesen und der Alm angelangt. Der

Rückweg geht über den Weg Nr. 6, der in den Weg Nr. 5, einen breiten Feldweg, mündet. Dieser bringt uns nach Altrei zurück.

⏳ 2 Stunden 10 Minuten, ⟼ 7 km, 🌐 350 Höhenmeter

INFOS IN KÜRZE

➔ **Krabesalm**, Walter Giovanelli, Altrei, Tel. 0471 882104 oder 336 873043

🕐 Von 1. Mai bis 3. Nov. geöffnet, Di. Ruhetag (außer Juli und Aug.).

🚗 Von der Fleimstaler Straße am San-Lugano-Sattel nach Altrei.

25 ⫶ HORNALM, TRUDEN

Im Südosten Südtirols trennt ein Mittelgebirge mit dunklen, bewaldeten Bergkuppen das breite Etschtal vom benachbarten Fleimstal. Weite Teile des Gebietes sind in den Naturpark Trudner Horn eingegliedert. Die höchste Erhebung, das Trudner Horn mit seinen 1781 m, liegt an der Grenze zum Trentino. Unser Ziel, die Hornalm, befindet sich bereits auf dem Gemeindegebiet von Capriana.

Die Alm ist im Besitz der Fleimstaler Gemeinschaft, der „Magnifica Comunità di Fiemme", aber das Vieh auf den Weiden stammt von Trudner Bauern. Auch Giancarlo Iori, der Pächter, kommt aus Truden. Die große und gepflegte Alm liegt in beneidenswerter Lage mit Panoramablick auf die Ötztaler- und Stubaier Alpen, Schlern, Rosengarten, Lagorai und Palagruppe. Sie bietet auch Unterkunft für Wanderer, die auf dem Europäischen Fernwanderweg E5 Bodensee–Adria unterwegs sind und hier ein Etappenziel einlegen.

🍴 Giancarlo, unterstützt von Köchin Francesca und Tochter Jessica, sorgt für Gerichte, die bereits die Nähe zur Nachbarregion erahnen lassen, etwa Polenta mit Rehgulasch, Pilzen oder Bratwurst oder die Hornalmnudeln mit Ragù und Pilzen. Aber auch traditionelle Tiroler Gerichte stehen auf der Speisekarte: Knödel, Omeletten, Kaiserschmarrn und Strauben. Das Fleisch kommt von Rindern und Schweinen eigener Aufzucht. Zum Nachtisch locken Torten und Apfelstrudel. Am Abend wird gegen Vormerkung und für Gruppen gekocht, auf Anfrage wird der Personentransport organisiert.

NATURPARK TRUDNER HORN

Der Naturpark Trudner Horn mit seinen 400 km markierten Wegen ist ein echtes Wanderparadies abseits der großen Touristenströme im Süden Südtirols. Er erstreckt sich über eine Fläche von 7000 ha und über eine Vegetationszone, die von submediterran bis alpin reicht (220–1700 m). Der Park beherbergt die artenreichste Fauna und Flora Südtirols, da er eine breite Klimazone sowie vielfältige Gesteinsformationen, von Vulkaniten bis zu Dolomiten, umfasst. Das Naturparkhaus in Truden gibt Einblick in diese besondere Welt. Info: Naturparkhaus Trudner Horn, Am Kofl 2, Truden, Tel. 0471 869247, www.provinz.bz.it/natur-raum/themen/naturparkhaus-trudner-horn

RUNDWEG ZUR HORNALM

Vom Parkplatz geht es auf breitem Wald-weg (Markierung E5, Europäischer Fern-wanderweg) mäßig steil zum Ziss-Sattel, dem Übergang ins Fleimstal. Nun wan-dern wir wahlweise auf dem Forstweg (Nr. 3) oder dem steilen Steig, die Keh-ren abkürzend, zur Alm. Für den Rückweg nehmen wir ab dem Ziss-Sattel Weg Nr. 4 bis zur Peraschupfe, ab hier geht's auf Weg Nr. 5 zum Ausgangspunkt zurück.

⏳ 4 Stunden 40 Minuten, ⊢→ 15 km, 🌐 830 Höhenmeter

Auch vom Dörfchen Gfrill oberhalb von Salurn geht ein schöner Wald- und Wiesenweg (E5) zur Hornalm, an den Moorgebieten Wei-ßensee und Schwarzensee vorbei.

⏳ 4 Stunden 40 Minuten (hin & retour), ⊢→ 13 km, 🌐 800 Höhenmeter

INFOS IN KÜRZE

→ **Hornalm**,
Giancarlo Iori, Capriana,
Tel. 338 1022342,
www.zur-muehle.com

🕐 Vom 10. Mai bis
3. Nov. geöffnet,
bis 15. Juli und ab
15. Sept. Mo. Ruhetag.

🚗 Von Truden zum Wertstoff-
hof am Bach, im Südosten des
Dorfes, bis zum Parkplatz mit
den Wegweisern.

26 CISLONALM, TRUDEN

Der bewaldete Gebirgsrücken des Cislonberges im Südtiroler Unterland ist Teil des Naturparks Trudner Horn. Auf einer vorgeschobenen Terrasse am Südabhang liegt inmitten weiter Wiesen die Cislonalm der Trudner Bauern auf 1254 m. Wegen der leichten Erreichbarkeit und der prächtigen Lage ist die Alm ein beliebtes Ausflugsziel.

Seit bald zwei Jahrzehnten bewirtschaftet Luis Franzelin die Alm und umsorgt die Gäste. Die einfache Küche ist leicht trentinisch angehaucht und bietet Polenta aus dem Kupferkessel mit Pilzen oder Gulasch, Lucaniche-Würste oder Carne salada mit Bohnen. Und natürlich allerlei Knödel, Omeletten und – als Besonderheit – die gebackenen Strauben. Dazu passt der Vernatsch oder der Blauburgunder aus dem nahen Montan, für die Verdauung hilft ein selbst angesetzter Schnaps aus Lärchenblüten oder Wildkirschen.

INFOS IN KÜRZE

Cislonalm, Luis Franzelin, Truden, Tel. 347 2291105 oder 333 3904772, alois.franzelin@alice.it

Von 1. Apr. bis 10. Nov. ohne Ruhetag geöffnet, im Winter über Weihnachten und an Wochenenden, am Abend auf Vorbestellung.

In Truden, am südlichen Dorfrand, in der Cisloner Straße Parkplatz und Wegweiser für Weg Nr. 1. Am oberen Dorfrand beim Parkplatz mit Brunnen für Weg Nr. 2.

⌇ „LERGET" – LÄRCHENHARZ IN DER KOSMETIK

Der aufmerksame Beobachter wird in den Wäldern des Cislon an manchen dicken Lärchenstämmen ein mit einem Holzstöpsel verschlossenes Bohrloch entdecken. Das sich darin bildende Harz, das „Lerget", wird regelmäßig vom „Lergetbohrer" oder „Pecher" gesammelt und zu Lärchenterpentin verarbeitet, einst unverzichtbarer Bestandteil von Lacken und Klebstoffen. Heute wird es noch vereinzelt in der Naturkosmetik eingesetzt wie etwa in den Produkten der österreichischen Firma Schusser (www.schusser-oeg.at).

Im Naturparkhaus Trudner Horn im Dorfzentrum von Truden erfährt man Wissenswertes über die Besonderheiten der Gegend, so auch übers „Lergetbohren". Geöffnet von Ostern bis Ende Okt., Di. bis Sa. von 9.30 bis 12.30 und von 14.30 bis 18 Uhr. Juli bis Sep. auch So. Eintritt frei! Info: Tel. 0471 869247, www.provinz.bz.it/natur-raum/themen/naturparkhaus-trudner-horn

🥾 ZUR CISLONALM

Von Truden, ab dem Parkplatz, führt ein Forstweg zur Alm. Parallel dazu verläuft der schmale, schattige Waldsteig (Nr. 1). Am Beginn ein leichter Anstieg, dann eben.

⌛ 2 Stunden (hin & retour), ⊢→ 6 km, ⊕ 280 Höhenmeter

Der schönste Weg zur Alm ist die Rundwanderung um den Cislon, gegen den Uhrzeigersinn. Wir starten am nördlichen Dorfrand, beim Parkplatz mit den Hinweisschildern zum Naturparkhaus. Es geht zuerst durch heckenreiche Wiesen (Weg Nr. 2), dann kurz aber kräftig aufwärts (Nr. 2A) zur Hochwand. Nun gehen wir eben auf schmalem Steig durch alpines Gelände, mit atemberaubenden Tiefblicken und toller Fernsicht. Den letzten Abschnitt zur Alm (ab Truden 2 Stunden) erwandern wir auf ebenen, breiten Waldwegen. Von der Alm zurück nach Truden verläuft kurz nach der Alm der Waldweg Nr. 1 parallel zur breiten Zufahrtsstraße.

⌛ 3 Stunden, ⊢→ 8 km, ⊕ 400 Höhenmeter

27 ISIHÜTTE, JOCHGRIMM

Zwischen Schwarz- und Weißhorn, am Rande des Weltnaturerbes Bletterbach, breiten sich weite sonnige Almwiesen und Wälder aus. An einem alten Übergang von Radein nach Jochgrimm wurde das ehemalige Berggasthaus „Kalditscher Wirt" nach einem langen Dornröschenschlaf als Isihütte zu neuem Leben erweckt.

Das Besondere an dieser Hütte ist neben der traumhaften Lage die kompromisslose Einstellung der sympathischen Wirtsfamilie zur guten Küche und zur Harmonie in der architektonischen Gestaltung. Letztere trägt die Handschrift des Architekten Zeno Bampi. Isi, das steht für Isolde Daldoss, hat im elterlichen Betrieb, dem nahen Heubad auf Jochgrimm, die Kräfte und heilende Wirkung der Natur kennengelernt und bleibt diesen Prinzipien auch auf der Isihütte treu.

Die Speisen werden bei jeder Bestellung frisch zubereitet, das Mehl wird selbst gemahlen, vieles stammt aus biologischem Anbau, zum Teil vom eigenen Bauernhof. Die Nudeln liefert der Eggerhof in Aldein, Käse kommt aus dem Fleimstal, das Fleisch für das Gulasch vom Bio-Rind, der Naturjoghurt wird aus der Schafsmilch vom Veidlhof in Radein gewonnen und in den täglich frisch gebackenen Apfelstrudel kommt Vollkornmehl. Bio-Qualität setzt sich bei den Weinen fort, wo Spitzentropfen auch glasweise angeboten werden. Auf der kleinen Speisekarte findet sich so Einfaches wie Gerstensuppe, Nudeln im Hüttenpfandl, Knödeltris mit Zirmbutter und Bergkäse, Kräuterpolenta mit Käse, einer der Renner ist der knackige Krautsalat mit geröstetem, knusprigem Speck – alles zu genießen auf der weiten Holzterrasse oder in der urigen Stube, an den hell gescheuerten Tischen aus dem alten Gasthaus.

ZUR ISIHÜTTE

Der kürzeste Weg führt von Jochgrimm auf dem Wanderweg Nr. 7 über Blumenwiesen und durch schütteren Wald zur Hütte. Rückweg wie Hinweg.

⏳ 40 Minuten (hin & retour), ⊢→ 2,4 km, ⊕ 140 Höhenmeter

Ein weiterer einfacher Weg führt von Radein auf dem Forstweg Nr. 7 durch Wald sowie über Wiesen und Almen ans Ziel.

⏳ 1 Stunde (hin & retour), ⊢→ 3,3 km, ⊕ 300 Höhenmeter

AUF DAS SCHWARZHORN

Fast schon alpinen Charakter hat die Ersteigung und Umrundung des Schwarzhorns. Ausgangspunkt ist Jochgrimm, auf Steigen und Wegen (Nr. 2, 573) wandern wir über Weiden und zuletzt auf steinigem Steig zum Gipfel (1 Stunde 20 Minuten), der eine unglaubliche Aussicht bietet, dann auf Weg Nr. 502 über Grate und Almwiesen am Rand der Geröllfelder abwärts zum Kugeljoch (1 Stunde) und nun über  schönste Blumenwiesen, eben in 40 Minuten zur Isihütte. Nach der Einkehr geht es kurz mäßig aufwärts nach Jochgrimm zurück.

⏳ 3½ Stunden, ⊢→ 9 km, ⊕ 630 Höhenmeter

INFOS IN KÜRZE

→ **Isihütte,**
Isolde Daldoss und
Philipp Vescoli,
Jochgrimm 11, Radein,
Tel. 348 8108694,
www.isi.it

🕐 Von Juni bis Ende
Okt. und von 26. Dez.
bis Ostern geöffnet,
Di. Ruhetag
(kein Ruhetag in der
Hochsaison).

🚗 Durch das Eggental auf das
Lavazèjoch und weiter nach
Jochgrimm oder über die Fleimstaler Straße bis Radein, an der
Ortstafel parken. Im Winter
Zufahrt über die Forststraße
erlaubt.

28 | GURNDINALM, JOCHGRIMM

Auf einer weiten Wiesenterrasse am Fuße von Weiß- und Schwarz-horn, liegt mitten in den Almwiesen die urige Gurndinalm und blickt über das Unterland zu den Dolomitbergen im nahen Trentino.

Die Alm gehört zum Gurndinhof in Aldein. Teile des alten Holzge-bäudes sind aus dem fernen Jahr 1714, das dokumentiert die geschnitzte Jahreszahl an einem verwitterten Balken. In den 1930er-Jahren wurde ein Anbau mit etwas spartanischen Gaststu-ben hinzugefügt, aber im Sommer spielt sich ohnehin alles vor dem Haus ab: Die vielen Tische, Sonnenschirme und Liegestühle sowie die Sonnenanbeter auf der Wiese erinnern beinahe an den Trubel an einem Adriastrand. Dieses leicht und auf guten und brei-ten Wegen sogar mit Kinderwagen zu erreichende Ausflugsziel zieht viele Wanderer an. Die Gurndinalm ist ein echter Familienbe-trieb, zwischen Hof und Almausschank haben alle, die Eltern und die acht Kinder, ihren Aufgabenbereich: Hofarbeit, Vieh hüten, kochen, servieren, kassieren usw.

Kartoffeln, Weißkraut und Küchen-kräuter stammen vom eigenen Hof, aus der Küche kommt typische Tiroler Kost wie verschiedene Suppen, allerlei Knödel, Eierspeisen, Bratkartoffeln, Gulasch, Braten, Schnitzel, Polenta mit Käse oder Pilzen, Krautsalat mit Speck und als Krönung und süßer Abschluss die beliebten Strauben. Offenes Bier, Schank- und Flaschenweine von Südti-roler Kellereien sowie Säfte stillen den Durst, zum Ausklang gibt's einen Lat-schenschnaps.

AUF DAS WEISSHORN

Der Gipfelsturm auf das Weißhorn lässt sich gut als Rundwanderung anlegen: Vom Parkplatz Jochgrimm geht es in einer knappen Stunde auf einem gut markierten, anfänglich sogar gepflasterten Steig („Höhenweg") zum Gipfel. Von dort ist die Gurndinalm schon zu sehen, 40 Minuten sind es durch dichten Latschenbestand und zuletzt schönste Blumenwiesen zu ihr hinunter. Von der Alm führt ein breiter Weg mit geringer Steigung in 20 Minuten zurück nach Jochgrimm.

⏳ 2 Stunden, ⟼ 5,1 km, 🧭 324 Höhenmeter bis zum Gipfel

ZUR GURNDINALM

Vom Parkplatz Jochgrimm erreicht man die Alm in 20 Minuten Fußweg auf dem breiten Weg Nr. 2.

⏳ 40 Minuten (hin & retour), ⟼ 3 km, kaum Höhenunterschiede

Weitere Varianten: Kurz vor Radein, vom Parkplatz mit Infotafel, nehmen wir Weg Nr. 7A zur Alm.

⏳ 2½ Stunden (hin & retour), ⟼ 7 km, 🧭 400 Höhenmeter

Oder wir wandern vom Besucherzentrum Bletterbach (gebührenpflichtiger Parkplatz) auf der Aldeiner Seite über den Geoweg, den Gorzsteig und Weg Nr. 12 zur Gurndinalm.

⏳ 3 Stunden (hin & retour), ⟼ 9 km, 🧭 510 Höhenmeter

INFOS IN KÜRZE

➔ **Gurndinalm**, Fam. Dipauli, Eich 28/2, Aldein, Tel. 0471 886745 oder 330 765083, www.gurndinalm.com

🕐 Von Anfang Mai bis Mitte Nov. ohne Ruhetag geöffnet.

🚗 Anfahrt durch das Eggental über das Lavazèjoch zum Parkplatz am Jochgrimm.

29 : SCHÖNRASTALM, ALDEIN

Hoch über den Etschniederungen, mit schönster Aussicht auf die großartige Bergwelt, liegen am Fuße des Weißhorns sanfte Almen und ausgedehnte Wälder und darin eingestreut urige, gemütliche Hütten zum Einkehren. Im Sommer führen die Wege durch blühende Wiesen, im Winter überziehen gespurte Loipen und Winterwanderwege die zauberhafte Schneelandschaft.

Unser Weg führt uns zur Schönrastalm auf 1700 m im Herzen des Aldeiner Almengebietes. Im 17. Jahrhundert wird sie erstmals urkundlich erwähnt, heute ist sie im Besitz der Gemeinde Aldein

und wird bereits seit vielen Jahren von der Familie Matzneller geführt. Auf den Almwiesen rund um das Haus weiden etwa 150 Kühe, darunter auch die Melkkühe der Pächterfamilie. Aus der Milch wird täglich Rohmilchkäse in mehreren Varianten hergestellt: Im Sortiment befinden sich neben Brennnessel-, Walnuss-, Tomaten-, Brotklee- und Pfefferkäse auch Käsesorten, die im Heu gereift sind. Weiters gibt es Frischkäse und Rahmquark mit Schnittlauch und Bärlauch. Letzterer kommt vom Pflegerhof in Seis, Südtirols erstem Biokräuterhof. Alle Käsesorten sind im kleinen Hofladen der Alm erhältlich.

🍴 Käsevariationen kommen natürlich auch auf das Käsebrettchen, das von den Gästen, die bei schönem Wetter in Scharen eintrudeln und die Sonnenterrasse vor dem Haus bevölkern, gerne bestellt wird. Beliebt sind außerdem die Salatteller und die gebackenen süßen Strauben. Ein Lieblingsgericht der Einheimischen ist der Schwarzplentene Riebl, gerösteter Buchweizenschrot mit Ei, Milch und blättrig gehobelten Äpfeln, dazu wird Zwetschkenmarmelade gereicht. Naschkatzen kommen voll auf ihre Rechnung: Verschiedene Torten und Kuchen stehen zur Auswahl, köstlich auch der frische Joghurt mit Banane und Honig! Die Alm ist im Winter ein beliebtes Ziel von Langläufern, Schneeschuh- und Winterwanderern, die auf den vielen Loipen und gespurten Wegen auf der Hochfläche unterwegs sind.

VON MARIA WEISSENSTEIN ZUR SCHÖNRASTALM

Vom Parkplatz des Wallfahrtsortes folgen wir südwärts den Wegweisern und der Markierung 15 zur Schönrastalm auf einem kurzweiligen Wald- und Wiesenweg, anfänglich ansteigend, eine Forststraße querend und später eben zur Alm (40 Minuten). Für den Rückweg gehen wir zur nahen Schmiederalm, biegen dort am Waldrand rechts ab auf den tiefer verlaufenden, wieder zurück zum Ausgangspunkt in Maria Weißenstein führenden Weg (Nr. 8).

1 Stunde 40 Minuten, 6 km, 160 Höhenmeter

Die Alm ist auch zu Fuß von anderen Ausgangspunkten gut erreichbar, z. B. ab Aldein, Zufahrtsmöglichkeit bis zur Schmiederalm (großer Parkplatz), dann auf Weg Nr. 15 zur Schönrastalm (15 Minuten).

½ Stunde (hin & retour), 1,9 km, 50 Höhenmeter

INFOS IN KÜRZE

Schönrastalm, Fam. Matzneller-Tamanini, Lerch 43, Aldein, Tel. 0471 886731 oder 348 0009751, tamaninimartina@gmail.com

Von Mai bis Mitte Nov. ohne Ruhetag geöffnet, weiters Weihnachten bis Ostern, Di. und Mi. Ruhetag. Warme Küche von 11 bis 18 Uhr.

Von Aldein kommend, Richtung Lerch abbiegen, der Beschilderung bis zum Parkplatz bei der Schmiederalm folgen.

30 HAGNERALM, NIGERPASS

*Welch eine Lage! Der sonnige Bergrücken, der sich von Welsch-
nofen gegen die Wälder und Almen am Fuße des Rosengartens
hinzieht und an dessen Kante die Hagneralm auf 1550 m liegt,
bietet prächtige Ausblicke nicht nur zu den nahen Felswänden des
Latemars, sondern auch zum Schlernmassiv, zu Schwarz- und
Weißhorn, über das Talbecken von Bozen bis zur Mendel, den fernen Ötztaler Alpen und dem Ortler – ich meine, es ist einer der
schönsten Plätze Südtirols!*

Die auf das 14. Jh. zurückgehende Hagneralm ist ein ökologisch
geführter Bauernhof, zu dem 25 ha Wiesen und 120 ha Hochwald
gehören. Neben dem mit Schindeln verkleideten alten Holzhaus,
das als Berggasthaus genutzt wird, stehen das neue Wohn- und
Bauernhaus sowie das Wirtschaftsgebäude. Auf und um den Hof
tummeln sich Pferde, Hühner, Pfauen, Hasen, Kühe, Kälber, Hunde,
Katzen, Enten und Schweine – eine bäuerliche Arche Noah! Für

INFOS IN KÜRZE

Hagneralm, Fam. Hans, Luisa und Anna Kaufmann, Hagnerweg 9, Welschnofen, Tel. 0471 613365 oder 340 2251889, www.hagneralm.com

Von Mitte Mai bis Ende Okt. geöffnet, Mi. Ruhetag (außer im August).

Über das Eggental nach Welschnofen (kürzester Weg). Für die Varianten: Von dort weiter Richtung Karerpass; oder über Tiers zum Nigerpass.

Kinder gibt es Spielgeräte und die weite Wiese hinter dem Haus, der schönste Platz zum Tollen und Purzelbaumschlagen.

🍴 Die umliegenden Wälder, Wiesen und Berge sind der Lebensraum für Rehe, Hirsche, Gämsen und Hasen. Da Hans Kaufmann Jäger ist, steht öfter Wild auf der Speisekarte. Pilze liefert der Wald hinter dem Haus, der Speck ist hausgemacht. Von der Hofkäserei kommt Bergkäse, halbfetter Schnittkäse sowie Rotschmiere- und Weißschimmel-Weichkäse. Neben dem Wild, der Hausspezialität, wird Fleisch von eigenen Schweinen und Rindern verarbeitet. Täglich gibt es frischen Apfelstrudel und abwechselnd Schokolade-, Eierlikör- oder Buchweizenkuchen. Gegen den Durst helfen Buttermilch, Frischmilch, hausgemachter Holunder- und Himbeersaft, feine Südtiroler Rot- und Weißweine, und vieles mehr. Auf Vorbestellung wird auch abends aufgekocht.

👟 ZUR HAGNERALM

Der bequemste Weg führt von der Nigerhütte am gleichnamigen Übergang von Tiers ins Eggental zur Hagneralm: Die Forststraße (Richtung Schillerhof) ist auch für Kinderbuggys und Mountainbikes geeignet.

⏳ 3 Stunden 10 Minuten (hin & retour), ↦ 11 km, 🌀 460 Höhenmeter

Abwechslungsreicher, teilweise steil und holprig ist der Weg Nr. 1. Er führt hinter der Nigerhütte in den Wald und teils als Waldsteig am Hochmoor Tschattlmoos vorbei und bietet schöne Ausblicke auf die Rosengartengruppe und den Latemar sowie atemberaubende Tiefblicke ins Tierser Tal.

⏳ 3 Stunden (hin & retour), ↦ 10,5 km, 🌀 450 Höhenmeter

Beide Wege können zu einer Rundwanderung verbunden werden. Der kürzeste Weg startet in Welschnofen am Parkplatz im Dorf und geht dem Bächlein entlang (Nr. 4A) zur Hagneralm.

⏳ 2 Stunden 10 Minuten (hin & retour), ↦ 6 km, 🌀 400 Höhenmeter

31 : **HEINZENALM, KARERPASS**

Auf einer weiten, ebenen und blumenübersäten Wiesenterrasse am Rand ausgedehnter Wälder zu Füßen von Rosengarten und Latemar liegt die Heinzenalm auf 1686 m. Die Dolomitfelswände sind zum Greifen nahe, wir befinden uns in einem „letztes Paradies", wie manche behaupten.

Die Heinzenalm ist mitten in der viel besuchten Ferienregion Karerpass eine Oase der Ruhe geblieben. Die Alm gehört zum Heinzenhof in Welschnofen und wird seit vielen Jahren von der Familie Kohler mit Herzlichkeit geführt. Um die Almwirtschaft herum grasen die Kühe und Kälber, die Hühner, ein Hund und ein Pony sind auch zur Sommerfrische hier. Die mit Holzschindeln verkleidete Hütte strahlt Gemütlichkeit aus, die Kinder tollen auf dem Spielplatz und der Wiese, während die Eltern an den Holztischen sitzen, die Marende genießen oder sich in den Liegestühlen in der Sonne räkeln.

⫸ DER ROSENGARTEN

Warum diese beeindruckende Berggruppe einen so romantischen Namen hat? Sagenforscher sind der Meinung, er rührt von der Laurinsage her, wo Rosen, die bei Sonnenuntergang die Felsen rot erstrahlen lassen, eine bedeutende Rolle spielen. Sprachforscher hingegen leiten den Namen vom vorrömischen „ruza" für „Rinne, Kar, Geröll" und dem ladinischen „gher" für „Gehege, Weide" her. Somit würde der Name „Rosengarten" eine „steinige, von Geröll durchsetzte Weide" bedeuten. Die Auslegung der Sage ist aber sicher charmanter!

¶| Die kleine, nur mit einem Holzherd ausgestattete Küche ist das Revier von Bäuerin Adelheid, sie kocht leidenschaftlich gerne! Der Renner ist der Schmarrn, der beste weit und breit, wie behauptet wird, mit vielen Eiern, natürlich vom Hof, und Preiselbeeren. Ihm folgen die Bratkartoffeln mit Ei und Speck. Im Hochsommer ist die Alm fest in den Händen italienischer Gäste, dann steht Polenta mit Pilzen, Käse oder Bratwurst auf dem Speiseplan. Der Holundersaft, die Kuchen, der Joghurt und der Frischkäse sind hausgemacht.

ZUR HEINZENALM

Die Alm ist auf mehreren gemütlichen Wegen zu erwandern. Der kürzeste, aber darum nicht weniger schöne Weg (Nr. 16) führt vom Parkplatz an der Nigerstraße bei der Tscheinerhütte zur Alm.

⧖ 40 Minuten (hin & retour), ⊢→ 2,2 km, ◍ 110 Höhenmeter

Vom Nigerpass: Wir wandern im Wesentlichen eben und parallel zur Nigerstraße auf Weg Nr. 1A (Perlenweg) durch Wiesen und Wald bis kurz vor die Tscheinerhütte, wo der oben erwähnte Weg Nr. 16 rechts abbiegt und leicht abwärts zur Alm führt.

⧖ 2 Stunden (hin & retour), ⊢→ 7,5 km, ◍ 260 Höhenmeter

Von Welschnofen: Mit der neuen Kabinenbahn bis zur Frommeralm und dann parallel zur Nigerstraße auf dem Perlenweg Nr. 1A, bei der Abzweigung von Weg Nr. 16 rechts zur Heinzenalm abbiegen. Für den Rückweg gehen wir auf einem Forstweg abwärts zum Frommbach und dann auf Weg Nr. 15 zur Frommeralm zurück.

⧖ 1½ Stunden (hin & retour), ⊢→ 5,3 km, ◍ 260 Höhenmeter

INFOS IN KÜRZE

⊙ **Heinzenalm**, Fam. Kohler, Nigerstraße, Welschnofen, Tel. 0471 613496 oder 320 4908423, www.heinzenhof.com

⊙ Vom 20. Juni bis 1. Okt. ohne Ruhetag geöffnet.

⊜ Auf der Nigerstraße, zwischen Niger- und Karerpass, Parkplatz und Bushaltestelle auf Höhe der Ischeinerhütte (Rifugio Duca di Pistoia).

32 : HANIGER SCHWAIGE, TIERS

Das Tierser Tal zieht sich bis zu den Felswänden des Rosengartens hin. Dort, in einem weiten Kessel, liegt geschützt und nach Westen hin sonnig und offen die Haniger Schwaige. Die äußerst beeindruckende Kulisse der Laurinwand und der Vajolettürme, die unmittelbar hinter der Almwirtschaft senkrecht bis auf rund 2800 m aufragen, ist einmalig!

Trotz der nahen Felsen ist die Haniger Schwaige (1937 m) auf leichten, gefahrlosen Wegen zu erreichen. Das Panorama auf dem Steig vom Nigerpass zur Alm ist eines der schönsten weit und breit! Der Weg zur Schwaige ist gerade so lang, dass etwas Hunger aufkommt, so können wir mit gutem Gewissen der Hausmannskost auf der Hütte frönen.

Das Lieblingsessen der Wanderer sind die Bratkartoffeln mit Speck und Spiegeleiern, dicht gefolgt vom Kaiserschmarrn und den Omeletten, den gemischten Nocken, den Suppen und Marendbrettln. Einheimische schätzen den sauren Kalbskopf und das gekochte Rindfleisch mit Zwiebeln oder Gulasch mit Knödeln. Am Sonntag werden Rippchen mit Bratkartoffeln aufgetischt. Strudel ist immer auf der Karte, dazu abwechselnd verschiedene Kuchen. Die Säfte (Holunder, Himbeere, Johannisbeere) sind hausgemacht, der Apfelsaft kommt vom Flunger-Bauern im Tal. Dazu passt Fassbier oder ein Rotwein.

☞ DIE SCHWAIGE

Der Name „Schwaige" leitet sich vom mittelhochdeutschen „sweige" für Senn- und Viehhof ab. Der Schwaighof wurde im Mittelalter meist als Lehen vergeben, der Betreiber nutzte gegen Abgaben Grund und Vieh des Gutsherrn. Allmählich verschwanden die Schwaigen und wichen anderen Betriebsformen, während der Name blieb. Die Haniger Schwaige gehörte einst dem Hanig-Bauern in Völser Aicha, jetzt ist sie in Gemeindebesitz. Der Pächter betreibt den Ausschank und kümmert sich um das Vieh der Tierser Bauern, rund 80 Jung- und Galtrinder sowie 20 Pferde.

✍ ZUR HANIGER SCHWAIGE

Familien mit Kindern bevorzugen den Zugang von der Nigerpassstraße, wo der breite Forstweg (Nr. 7A und 10) zur Hütte führt.

⧗ 2 Stunden 40 Minuten (hin & retour), ⊢→ 6 km, 400 Höhenmeter

Aussichtsreicher und kurzweiliger ist der Weg (Nr. 1 und 7), der am Nigerpass startet. Durch dichten Wald, dann über Bächlein, auf Steigen durch Lärchen- und Zirbelwald, über Almwiesen führt er mit wenig Steigung zur Alm (1 Stunde 40 Minuten). Für den Rückweg nehmen wir Steig Nr. 7, der durch schönstes Gelände talwärts nach St. Zyprian führt. Der Linienbus bringt uns zum Parkplatz.

⧗ insgesamt 3 Stunden 20 Minuten, ⊢→ 10,2 km, ⊕ 400 Höhenmeter im Aufstieg, 800 Höhenmeter im Abstieg

Im Winter spurt der Hüttenwirt mit dem Motorschlitten einen Weg für Schneeschuh- und Winterwanderer. Bei guten, stabilen Schneeverhältnissen ist der Weg zum Nigerpass meist gut begehbar.

INFOS IN KÜRZE

→ **Haniger Schwaige**, Fam. Zöggeler, Tiers am Rosengarten, Tel. 348 2463394, klaushanigerschwaige@gmail.com

🕐 Von Mai bis Allerheiligen ohne Ruhetag geöffnet, weiters in den Weihnachtsferien und bis Ostern an den Wochenenden. Im Winter kleine Speisekarte.

🚗 An der Straße Tiers–Nigerpass an der 8. Kehre (Km 20) Parkplatz und Beginn des Forstweges. Alternativ Parkplatz am Nigerpass für Steig Nr. 1 und 7.

33 : HOFER ALPL, VÖLS

Am Fuß der steilen Westflanke des Schlernmassivs, mitten im Naturpark Schlern-Rosengarten, liegt auf 1364 m in prächtiger Panoramalage auf einer Wiesenterrasse das Berggasthaus Hofer Alpl. Der Blick geht weit über den Bozner Talkessel, das Etschtal bis hin zu den fernen Gletschern des Ortlers.

Das Hofer Alpl, das zum Bauernhof Ragitt im tiefer gelegenen Dörfchen Ums gehört, ist entgegen seinem Namen keine kleine urige Almhütte, sondern ein stattliches, wegen seiner großartigen Aussicht sowie der gepflegten Gastfreundschaft der Familie Hofer vielbesuchtes Berggasthaus. Um den Service kümmern sich Mama Monika und Tochter Heike, in der Küche steht mittlerweile auch Sohn Lukas, der nach der Ausbildung zum Koch neben Vater Andreas fürs Wohl der Gäste sorgt. Übernachtungsmöglichkeit gibt es in romantischen Zimmern oder im gepflegten Naturholz-Matratzenlager.

🍴 Traditionelle Tiroler Gerichte werden mit Sorgfalt und Fantasie zubereitet: So werden etwa viele Kräuter verwendet wie in der Bergblütenheusuppe, im Omelett mit Gutem Heinrich oder im Jungschweinesteak mit Kräuterkruste. Das Rindfleisch kommt vom eigenen Hof, der Apfelsaft von einem Bauern. Natürlich fehlen die obligaten Knödel, die Bratwurst, die Omeletten und die Bratkartoffeln mit Spiegeleiern nicht. Eine Delikatesse sind die Kuchen, unübertroffen ist der leichte, lockere und saftige Schokokuchen, für den köstliche Lindt-Schokolade zum Einsatz kommt. „Bio-Hons", eine Persiflage des „Hugo", heißt die Aperitif-Eigenkreation aus Prosecco, Bio-Johannisbeersirup, Mineralwasser und Thymian. Selbst angesetzte Schnäpse schließen die Mahlzeit ab.

🥾 ZUM HOFER ALPL

Der einfachste Weg zum Hofer Alpl startet bei der Kirche in Ums (935 m) und verläuft über einen Wiesen- und Waldsteig (Nr. 3). Rückweg über den breiten Forstweg Nr. 8.

⏳ 2 Stunden 20 Minuten (hin & retour), ↦ 7,2 km, ⊕ 430 Höhenmeter

Ein schöner, aussichtsreicher Rundweg beginnt beim Völser Weiher, einst künstlich als Fischteich für die Herren von Schloss Prösels angelegt, nun ein beliebtes Ausflugsziel mit Seepromenade, Bootsverleih für Ruderboote und kostenlosem Badesteg. Auf Weg Nr. 1 gehen wir zunächst auf breitem Forstweg und später über einen Waldweg zur Tuffalm (Einkehrmöglichkeit, Tel. 0471 726090) und dann weiter zum Hofer Alpl. Rückweg über den breiten Forstweg (Nr. 8) oder den etwas steileren Waldsteig (Nr. 3) bis zum Anschlussweg Nr. 2 zurück zum Völser Weiher.

⏳ 3 Stunden, ↦ 9,1 Kilometer, ⊕ 490 Höhenmeter

INFOS IN KÜRZE

➡️ **Hofer Alpl**, Fam. Hofer, Ums 56, Völs am Schlern, Tel. 0471 725288 oder 349 4008560, www.hoferalpl.it

🕐 Von Ostern bis Anfang Nov. geöffnet, kein Ruhetag.

🚗 Von Völs Richtung Ums bis zum Parkplatz an der Kirche oder vom Völser Weiher (gebührenpflichtiger Parkplatz).

34 CONTRIN-SCHWAIGE, SEISER ALM

Die Seiser Alm, das prächtige Hochplateau in den Dolomiten, ist sowohl von Seis als auch von Gröden mit Bergbahnen bequem zu erreichen. Die gewellten Almwiesen zu Füßen von Langkofel, Plattkofel und Schlern bieten nicht nur prächtige Ausblicke, sie sind auch ein ideales, familienfreundliches Gelände für Wanderer und Skifahrer. Unsere Tour führt von der Bergstation der Seilbahn ab St. Ulrich auf einfachem und kurzem Weg zur Contrin-Schwaige, einem sonnigen und windgeschützten Plätzchen im Herzen der Alm.

In Pufels, einem Weiler am Nordhang der Alm, hoch über St. Ulrich, liegt der Cuntrunihof, von dem die Alm den Namen hat. Sie war einst im Besitz des legendären Grödner Bergfilmers Luis Trenker, der sie über Jahrzehnte an die Familie Nogler-Kostner verpachtete und sie schlussendlich an sie verkaufte. 1995 wurde die alte, baufällige Scheune abgetragen und die stattliche Almhütte errichtet. Im Sommer wohnt die Familie mit den Kindern David, Lukas und Johannes auf der Alm, sonst pendelt sie über die schmale Anrainerstraße nach Pufels zum Heimathof. Während der Sommermonate ist etwas Vieh vom Hof auf den Wiesen und liefert Milch für Butter, Joghurt, Frisch- und Graukäse, der auf der Alm benötigt wird.

¶| Reinhard und Christine bewirten die Gäste mit typischer Hüttenkost, dazu gibt es im Sommer Salatgerichte, Polenta mit Bratwurst, Käse oder Pilzen, in der kühlen Jahreszeit Suppen und Knödelgerichte. Speck und Würste sind hausgemacht. Beliebt sind Buttermilch oder Joghurt mit Waldfrüchten, etwas Besonderes ist der würzige Graukäse, mit Essig, Öl und Zwiebeln angerichtet. Christine ist

die Kuchenbäckerin, täglich sind drei bis vier verschiedene Süßspeisen im Angebot, etwa Früchteblechkuchen, Schoko-, Linzeroder Käsesahnetorte sowie Apfelstrudel.

 ## KURZE RUNDWANDERUNG ÜBER DIE ALM

Die Kabinenbahn bringt die Wanderer in wenigen Minuten vom Ortsteil Überwasser in St. Ulrich auf die Alm. Nun geht der Bergweg (Nr. 6A) promenadenartig in fast ebener Wanderung in 20 Minuten zur Contrin-Schwaige – die ganze Zeit liegt die Alm prächtig im Blickfeld, begrenzt von den Bergriesen Geisler, Puez und Sella im Osten, Platt- und Langkofel im Süden und dem Schlern im Westen. Für den Rückweg empfiehlt sich der Weg Richtung Ritsch-Schwaige. Kurz vor der Kreuzung mit der almquerenden Straße schlagen wir den gut beschilderten Weg nach links zur Sanon-Hütte ein, überschreiten den Almboden auf breitem Steig (Nr. 6B) in Richtung Hotel Sonne und steigen dort kurz durch schütteren Wald und über Wiesen zur Bergstation der Seilbahn auf.

⏳ 2 Stunden, ⊢→ 6 km, ⊕ 200 Höhenmeter

INFOS IN KÜRZE

➔ **Contrin-Schwaige**, Reinhard und Christine Nogler-Kostner, Seiser Alm, Tel. 339 5223054, contrinnoglerkostn@yahoo.it

🕐 Von Anfang Juni bis Mitte Okt. und während der Skisaison im Winter geöffnet. Kein Ruhetag.

🚗 Gebührenpflichtiger Parkplatz an der Talstation der Seilbahn in St. Ulrich. Die Rückfahrzeiten der Bergbahn beachten!

35 LECH-SANT-SCHWAIGE, GRÖDEN

*Auf der Südseite von Seceda und Geislergruppe breiten sich son-
nige Almwiesen aus – kaum ein anderer Ort in Gröden bietet solch
eine traumhafte Aussicht! Aug in Aug stehen wir mit dem mächtigen Langkofel, dem breiten Sellastock und den schroffen Dolomi-
tenspitzen der Geisler. Und das Beste: Diese Herrlichkeit ist auf
unbeschwerlichen, kurzen Wegen zu erreichen.*

Am Fuße eines zahmen kleinen Berges, dem Pic, liegt inmitten
von saftigen Wiesen und in der Nähe eines kleinen Bergsees eine
alte Alm, einst Mastlé genannt. Von diesem geheimnisvollen „Heiligen See", auf Ladinisch „Lech Sant", hat die zum Aldóss-Hof in
St. Christina gehörende Schwaige ihren Namen. Auf einem Balken
ist die Jahrzahl 1781 eingeschnitzt, laut einer Urkunde, die am
Hof aufbewahrt wird, ging sie im Jahr 1820 von der Kurie Brixen
an die Familie Runggaldier über. Zwei Brüder bewirtschaften nun
gemeinsam mit Familienmitgliedern die Almhütte, die innen kom-
plett renoviert wurde. Auf der Weide grasen Kühe und – zur Freude
der Kinder – sieben Esel und etliche freche, zutrauliche Ziegen.

🍴 Aus der winzigen Küche kommen gemischte Jausenbrettchen in
verschiedenen Größen, auf denen der selbst gemachte Käse
und der Speck nicht fehlen dürfen. Der Renner sind die Schlutzkrapfen mit Kräutern, Spinat und frischem Ziegerkäse (aus Kuhmilch)
gefüllt und mit gereiftem geriebenen Käse bestreut. Italienische
Gäste essen gern Polenta mit Bratwurst, Pilzen oder mit Käse über-
backen. Eine schöne Auswahl an Mehlspeisen wie Streuselkuchen,
Mohnkuchen oder Apfelstrudel rundet die Almmahlzeit ab.

DIE SAGE VOM LECH SANT

Wo jetzt friedlich der See liegt, breiteten sich vor langer, langer Zeit fruchtbare Äcker aus. Mitten darin stand eine kleine Kapelle. In dieser läutete an Feiertagen ein Glöcklein, so auch an einem 15. August, dem Hochunserfrauentag. Burschen und Mädchen sangen und tanzten auf der Wiese vor der Kirche. Als es zu regnen anfing, suchten alle im Kirchlein Schutz, der Tanz ging munter weiter. Plötzlich ertönten Blitz und Donner, es fing fürchterlich zu regnen an. Schlussendlich versank die Kapelle samt den Frevlern in den Fluten eines Sees, der bis zum heutigen Tag blieb. An manchen Tagen, bei starkem Wind, hört man um Mitternacht das Glöcklein leise läuten.

ZUR LECH-SANT-SCHWAIGE

Der Weg beginnt an der Bergstation der Kabinenbahn Col Raiser (2106 m). Ein Spazierweg (Nr. 4A und 2) mit einmaligem Dolomitenpanorama und bestens beschildert geht im leichten Auf und Ab zur Fermedahütte und zum Cuca-Sattel (2153 m). Dort führt ein Wiesensteig abwärts zur Lech-Sant-Schwaige, See und Hütte sind immer im Blickfeld. Für den Rückweg nehmen wir einen Steig zur Fermedahütte und von dort zur Seilbahn.

⏳ 2 Stunden, ⟼ 7 km, 🌐 150 Höhenmeter

Wer einen leichten Gipfel mit unvergleichlicher Aussicht besteigen will, geht vom Cuca-Sattel auf den Pic (2363 m, zusätzlich 210 Höhenmeter und 50 Minuten für Hin- und Rückweg).

INFOS IN KÜRZE

➔ **Lech-Sant-Schwaige**, Fam. Runggaldier, St. Christina, Tel. 338 4914549, www.lechsant.it

🕐 Von Mitte Juni bis Ende Sept. ohne Ruhetag geöffnet.

🚗 In St. Christina zum Parkplatz der Col-Raiser-Kabinenbahn.

36 PLATZERALM, BARBIANER ALM

Das Rittner Horn ist der Ort, der die schönste Aussicht Südtirols bieten soll: Bei dem 360°-Panorama geht der Blick nach Süden über das Etschtal, die Mendel und die fernen Berge von Adamello und Brenta, im Westen schimmern die Gletscher des Ortlers, im Norden die Grenzberge Österreichs mit den Ötz- und Zillertaler Alpen, im Osten grüßen die Zacken der Dolomiten herüber. Nordöstlich von dieser Bergkuppe breiten sich weite Almen aus, dort liegt der Almschank Platzer, unser Wanderziel.

Der Almschank gehört zum Platzerhof in Barbian, die schmucke Berghütte ist neu, das Holz glänzt noch hell. Martha Platzer führt hier im Sommer das Regiment, unterstützt wird sie von Ehemann Helmuth, der auch für den Grill zuständig ist und insbesondere an den Wochenenden viel zu tun hat.

Dann kommen Schweinshaxen oder Hähnchen auf die Grillteller und bessern das sonstige Angebot mit den guten und einfachen Hüttengerichten wie Omeletten, Schmarrn, Speck- und Käseknödeln, Bauerngröstl (Bratkartoffeln mit Stücken vom Schweinebraten),

👟 ZUR PLATZERALM

Vom Parkplatz Huberkreuz geht es auf Weg Nr. 4 in 1½ Stunden zur Alm. Rückweg wie Hinweg.

⏱ 2 Stunden 10 Minuten (hin & retour), ⊨→ 6,5 km, 🌐 420 Höhenmeter

Alternativ von der Bergstation der Rittner-Horn-Bahn (Schwarzseespitze) in 2 Stunden über das Unterhornhaus zur Latschenbrennerei und zum Almschank. Rückweg wie Hinweg.

⏱ 3 Stunden (hin & retour), ⊨→ 10 km, 🌐 190 Höhenmeter

Nocken und Gulasch auf. Der Apfelsaft wird auf dem Hof gepresst, auch Himbeer-, Johannisbeer- und Holundersaft sind hausgemacht. Eine Delikatesse ist die Preiselbeermarmelade aus selbst gesammelten und eingekochten Beeren! Zum Nachtisch gibt es abwechselnd Buchweizen- oder Linzertorte, Rouladen oder süße Krapfen.

 DIE SÜDTIROLER HIMMELSTOUR „CIELORONDA"

Es ist der erste vom Verein „Deutsches Wanderinstitut e. V." zertifizierte Premiumweg in Südtirol. Premiumwege müssen bestimmte Kriterien hinsichtlich Beschaffenheit der Wege, Panorama, Einkehrmöglichkeiten, Beschilderung und Attraktionen am Weg erfüllen, damit sie als solche ausgewiesen werden. Es ist somit ein Gütesiegel, das besten Wandergenuss verspricht. Beim Rittner Weg mit dem vielversprechenden Namen „Himmelstour" stehen neben dem atemberaubenden Panorama die Zirbelkiefer und die Legföhre (Latsche) im Mittelpunkt, deshalb sind die gelben Wegweiser mit dem Symbol des Zapfens der Zirbelkiefer, der Zirmtschurtsche, versehen. **Es gibt zwei Einstiegsmöglichkeiten:** Auf dem Ritten: Von der Bergstation der Rittner-Horn-Bahn geht es auf Weg Nr. 19 zum Unterhornhaus, dann auf dem Heusteig Nr. 2A nach Westen, nun auf Steig Nr. 2 aufwärts zum Rittner Horn (Schutzhaus), auf der Ostseite durch Geröllfelder zum Almschank Platzer, von dort auf Weg Nr. 15 und auf dem Panoramaweg zum Ausgangspunkt zurück.

6 Stunden, 16,5 km, 650 Höhenmeter

Die andere Zustiegsmöglichkeit ist von der Barbianer Seite her, vom Parkplatz Huberkreuz (1614 m). Von dort auf Weg Nr. 4 hinauf zur Neuhäuslhütte. Dort nach links (Nr. 15) zur Latschenbrennerei, zum Unterhornhaus und von hier weiter wie bei der Rittner Variante.

7 Stunden, 18,5 km, 950 Höhenmeter

INFOS IN KÜRZE

Almschank Platzer, Martha Platzer, Barbianer Alm, Barbian, Tel. 338 9962887

Von Ende Mai bis Ende Okt.

Von Barbian den Wegweisern „Barbianer Alm" bis zum Parkplatz Huberkreuz. Oder von Klobenstein auf dem Ritten zur Talstation der Rittner-Horn-Bahn.

37 · MAIR IN PLUN, VILLANDERER ALM

Am Osthang der Sarntaler Alpen, gegen das Eisacktal hin, breitet sich knapp oberhalb der Baumgrenze die weite Hochfläche der Villanderer Alm aus. Das Berggasthaus Mair in Plun – der Begriff „Hütte" trägt dem stattlichen Bau nicht gebührend Rechnung – ist nur einen kurzen Spaziergang vom großen Parkplatz bei der Gasserhütte entfernt. Auf der Terrasse sonnen sich die Gäste oder sprechen den Genüssen aus Küche und Keller zu, ums Haus toben die Kinder – dieses besondere Plätzchen ist ein lohnendes Ausflugsziel für die ganze Familie.

Das Berggasthaus auf 1860 m ist seit über 200 Jahren im Besitz der Familie Erlacher und gehört zum „Moar in Plun", dem Mair-in-Plun-Hof in Villanders. Bis 2007, als das neue, winterfeste und große Haus im traditionellen ländlichen Stil mit viel warmem Holz erbaut wurde, stand hier eine einfache Almhütte. Die leichten Wege, das prächtige Dolomitenpanorama, die vielfältigen Wander-

INFOS IN KÜRZE

Mair in Plun, Fam. Erlacher, Villanders, Tel. 335 474625, www.mairinplun.com

Von Mitte Mai bis Anfang Nov. ohne Ruhetag geöffnet, im Winter von 26. Dez. bis Ende März.

Von Villanders auf der Almstraße bis zum gebührenpflichtigen Parkplatz bei der Gasserhütte.

möglichkeiten im Sommer, der Kinderspielplatz mit Trampolin, der Streichelzoo mit Ziegen, Hasen und Meerschweinchen, die Rodelbahn (jeden Freitag mit Abendbeleuchtung) und die langen Hüttennächte bei Vollmond im Winter, die kleine Kinderrodelbahn und natürlich die gute Küche tragen zum Bekanntheitsgrad und zum regen Gästezuspruch von Jung und Alt bei. Sohn Daniel, der eine solide Kochausbildung absolviert hat, steht in der Küche, seine Schwester Julia hilft in den Sommer- und Winterferien im Service mit.

🍴 Die traditionelle Südtiroler Kost – Kasnocken, Krautsalat, Suppen, Knödel, Gulasch, Saure Suppe, Kalbskopf, Graukäse, Speck und Kaminwurzen – verträgt sich gut mit verschiedenen Spaghetti- und Maccheronigerichten. Versuchen Sie den Apfelstrudel oder die Buchweizentorte! Vieles vom Fleisch kommt von den eigenen Tieren, Holunder- und Melissensaft sind auch hausgemacht.

👟 ZUM MAIR IN PLUN

Wir parken in der Kehre unterhalb der Gasserhütte (Kaser, 1740 m, gebührenpflichtig) und nehmen Weg Nr. 7 (später Nr. 1), der vor der Brücke, den Bach entlang, über Wiesen und durch schütteren Baumbestand, an Almhütten vorbei auf Weg Nr. 7A stößt und in etwa einer Stunde auf den Gasteiger Sattel (2056 m) führt. Bisher waren die Dolomiten in unserem Blickfeld, nun öffnet sich der Ausblick auf die Bergketten im Westen. Das Rittner-Horn-Haus (2260 m) ist nicht mehr weit, aber wir gehen ein Stück des Aufstiegsweges zurück und erreichen auf dem breiten, fast ebenen Weg Nr. 7A die Mair-in-Plun-Hütte. Über die Gasserhütte gelangen wir wieder zum Ausgangspunkt zurück.

⏳ 2 Stunden 20 Minuten, ⊢→ 7 km, 🌐 350 Höhenmeter

Der kürzeste Weg führt vom Parkplatz bei der Gasserhütte zur Mair-in-Plun-Hütte.

⏳ 50 Minuten (hin & retour), ⊢→ 2,6 km, 🌐 110 Höhenmeter

38 : BRUGGERSCHUPFE, FELDTHURNER ALM

Hinter Feldthurns dehnen sich freie und sonnige Almen bis zur Kuppe des Königsangers aus. Im Sommer sind die sanften Hänge mit dem beeindruckenden Dolomiten- und Talblick ein beliebtes Wandergebiet. Im Winter tummeln sich Schneeschuh- und Winterwanderer auf den gespurten Wegen, Skitourengeher erklimmen die leichten Gipfel und Rodler sausen auf einer ungefährlichen Rodelbahn von der Bruggerschupfe auf 2000 m – unserem Ziel – zu Tal.

An der Stelle, wo jetzt die stattliche Berghütte steht, befand sich einst eine bescheidene Scheune, die Bruggerschupfe. Der Almausschank mit den umliegenden Wiesen ist ein wichtiges Standbein der Familie Dorfmann, die einen Wein- und Obsthof in Feldthurns bewirtschaftet. Adelheid Dorfmann steht in der Küche, ihr Mann Peter ist unter der Woche am Bauernhof und unterstützt sie gemeinsam mit den größeren der sechs Kinder an den Wochenenden.

 ZUR BRUGGERSCHUPFE

Vom Parkplatz Garner Wetterkreuz (1370 m) folgen wir der Markierung Nr. 10 und Nr. 14A und erreichen in 1½ Stunden die Alm.

⏱ 2 Stunden 40 Minuten (hin & retour), ↦ 7 km, ⏱ 560 Höhenmeter

Alternativ starten wir vom Parkplatz Kühhof (1560 m) oberhalb von Latzfons, folgen der Markierung Nr. 13 und Nr. 14 und gelangen auf einem Waldweg und einem Wiesensteig in etwas mehr als einer Stunde zur Bruggerschupfe.

⏱ 2 Stunden (hin & retour), ↦ 4,7 km, ⏱ 420 Höhenmeter

¶ Aus der Küche kommt solide Hausmannskost, beliebt sind die verschiedenen Knödelvarianten: Buchweizen-, Käse-, Spinat- und Speckknödel. An den Wochenenden wird fast immer ein Fleischgericht zubereitet, gerne sind es gebratene Rippchen. Etwas Besonderes ist die Saure Suppe, eine Mehleinbrennsuppe mit einer Einlage aus Rindskaldaunen. Wechselweise im Angebot sind Eisacktaler Kirchtagskrapfen, Mohn- und Nussstrudel, Buchweizentorte sowie Himbeerjoghurt mit Beeren aus dem eigenen Garten. Auch auf der Getränkekarte findet sich viel Hausgemachtes, angefangen bei den Eigenbauweinen wie einem Müller-Thurgau, einem Zweigelt und einem Blauburgunder bis hin zu verschiedenen Säften. Köstlich schmeckt auch das selbst gebackene Roggenbrot.

WANDERN, SKIBERGSTEIGEN UND RODELN

Eine lohnende Sommerwanderung führt vom Parkplatz oberhalb von Garn, einem Ortsteil von Feldthurns, auf Weg Nr. 10 und 14A zur Bruggerschupfe. Von hier folgen wir den Markierungen 14 und 10 zum Radlsee und der gleichnamigen Hütte, einem beliebten Ziel.

⌛ 4 Stunden 20 Minuten (hin & retour), ⟼ 10,1 km,
🌀 880 Höhenmeter

Für Skitourengeher, welche den 2436 m hohen Königsanger besteigen, liegt die Bruggerschupfe auf dem Weg.

⌛ 2½ Stunden Aufstieg ab Parkplatz Kühhof (Anfahrt über Latzfons)

Im Winter ist die Bruggerschupfe bei Familien ein beliebter Ausgangspunkt für eine leichte, ungefährliche Rodelpartie auf einer 5 km langen Piste, die von der Berghütte zum Parkplatz in Garn führt.

INFOS IN KÜRZE

⊖ **Bruggerschupfe**, Fam. Dorfmann, Kühberg, Feldthurns, Tel. 0472 847821 oder 339 2902904

🕐 Von Mitte Mai bis Mitte Juni nur an den Wochenenden, von Mitte Juni bis Ende Okt. geöffnet. Im Winter von 26. Dez. bis 6. Jänner täglich, ansonsten Fr., Sa. und So. geöffnet.

🚗 Anfahrt über Feldthurns, Richtung Latzfons nach Garn bis zum Parkplatz Garner Wetterkreuz (1370 m) oder über Latzfons zum Parkplatz Kühhof (1560 m).

39 | KASERILLALM, VILLNÖSS

Am Ende des Villnößtals, zu Füßen der beeindruckenden Zacken der Geislerspitzen, liegen inmitten von Zirbel- und Lärchenwiesen einige Hütten und Almen, darunter auf 1920 m auch die Kaserillalm.

Die Privatalm gehört zum Unterkantiolerhof in St. Magdalena unten im Tal, eine Hofstelle, die bereits im 13. Jh. urkundlich erwähnt wird. Neben der alten hölzernen Almhütte wurde im Jahr 2006 eine neue Hütte erbaut und ein Ausschank eröffnet. Von der Alm aus geht der Blick direkt zu den berühmten Geislerspitzen, ein wahres Postkartenbild! Kein Wunder also, dass die Gäste so gern in den hölzernen drehbaren Liegestühlen auf der Wiese vor der Hütte verweilen. Die Kaserillalm ist eine Käsealm mit Schaukäserei, Junior Thomas Mantinger, der nach dem Abschluss der Berufsschule für Köche und einigen Lehrjahren in guten Häusern das Küchenzepter auf der Alm übernommen hat, erzeugt Frisch-, Schnitt-, Weich- und Bergkäse und lässt sich dabei gern über die Schulter schauen.

◁ DER NATURERLEBNISWEG

Im Talschluss, neben dem Parkplatz Zans, hat die Forstverwaltung einen rollstuhlgerechten Naturerlebnisweg angelegt, durch die geringe Steigung ist er auch für Kinderwagen bestens geeignet. Unterwegs regen 14 Stationen zum aktiven Tun, Befühlen und Hören an. Kartenskizze unter www.villnoess.com, Suchwort: Naturpark/Lehrpfad.

🍴 Wanderer, die auf der Alm einkehren, wünschen typische Hüttenkost: Knödeltris, Schlutzkrapfen, Bratkartoffeln mit Speck und Ei, Omeletten, Kaiserschmarrn und natürlich die Jausenteller mit den Käsevariationen und dem hausgeräucherten Speck. Eine Spezialität ist der Lammschinken vom Villnößer Brillenschaf. Oder die Spätzle mit geröstetem Lammschinken und Käsespänen, weiters Bandnudeln mit Kräuterfrischkäse, frischen Tomaten und Basilikum. Hausgemachte Säfte und Kuchen runden das Speisenangebot ab.

ZUR KASERILLALM

Vom Parkplatz in Zans entweder auf dem breiten Forstweg Nr. 33 und 32, manchmal die Kehren abkürzend, bequem in 45 Minuten zur Kaserillalm oder ebenfalls in 45 Minuten auf Steig Nr. 25, dem alten Heuweg.

⏳ 1½ Stunden (hin & retour), ➡ 4,5 km, 🌐 260 Höhenmeter

Die Kaserillalm kann gut in eine Rundwanderung eingebaut werden: Von der Almhütte geht Weg Nr. 32 weiter zur Schlüterhütte, einer traditionsreichen Schutzhütte (Tel. 0472 840132), von wo sich ein fantastischer Blick auf die östlichen Dolomiten eröffnet (40 Minuten, 290 Höhenmeter im Aufstieg). Die Hütte wurde im fernen 1898 von der Sektion Dresden des Deutsch-Österreichischen Alpenvereins erbaut. Der Abstieg erfolgt auf Weg Nr. 35 zunächst zur Gampenalm (Einkehr, Tel. 0472 840001) und weiter auf Weg Nr. 33 zur Kirchwieslalm und von dort auf dem Anstiegsweg zurück zum Parkplatz in Zans.

⏳ 3½ Stunden, ➡ 8 km, 🌐 630 Höhenmeter im Aufstieg

INFOS IN KÜRZE

➡ **Kaserillalm**, Fam. Mantinger, St. Magdalena 42, Villnöß, Tel. 0472 840219 oder 320 3512545, www.unterkantiolerhof.com

🕐 Von Anfang Juni bis Mitte Okt. geöffnet.

🚗 Durch das Villnößtal bis zum gebührenpflichtigen Parkplatz in Zans (1680 m).

40 KREUZWIESENALM, LÜSEN

*Im Nordosten des Brixner Beckens liegt das ausgedehnte Almge-
lände der Rodenecker und der Lüsner Alm. Unterhalb der Kuppe
des Astjoches und vor dem Gipfel des Peitlerkofels breitet sich die
Kreuzwiese aus, eine der größten Bergwiesen auf der Alm.*

Die Kreuzwiese mit der Almhütte gehört zum Zalnerhof in Lüsen.
Fast 10 Hektar der Wiese zwischen 1900 und 2000 Meereshöhe
werden gemäht, auf den übrigen Grünflächen weiden die 15 Melkkühe und das Jungvieh. Bis in die 1930er-Jahre stand auf der
Kreuzwiese eine armselige Kochhütte, dann wurde eine Schutzhütte gebaut, ebenerdig der gemauerte Stall, obenauf eine kleine
Hüttenunterkunft. 2005 kam der große Neubau, mit einer separaten Käserei, gemütlichen Aufenthaltsräumen, Gästezimmern und
einem Matratzenlager, das gern von Wanderern auf dem Weitwanderweg von München nach Venedig genutzt wird. Herbert Hinteregger, der Bauer, pendelt je nach Arbeitsaufkommen zwischen
Hof und Alm hin und her, seine Frau Martha, gelernte Köchin,
sorgt für die gute Hüttenkost. Die drei Söhne helfen überall mit,
Johannes ist außerdem für die Käseproduktion zuständig, Manuel
und Michael sorgen mit ihrer Ziehharmonika für die Hüttengaudi.
Tochter Julia ist gelernte Hotelkauffrau und hilft während der
Sommermonate im Service mit.

🍴 Beim Essen steht natürlich der Almkäse im Mittelpunkt: Es
werden verschiedene Sorten hergestellt, vom Weich- über den
Schnittkäse bis zum würzigen Graukäse, dazu wird ein pikantes
Apfel-Zwiebel-Chutney gereicht. Käse ist auch in den Pressknö-
deln, den Käsenocken oder in den „Plentinan Spatzlan", Käse-
Polenta-Spätzle mit Lauch-Speckkäse, verarbeitet, weiter im Ome-
lett mit Käse und Tomaten. Allgemein gelobt wird der
Schokoladekuchen, ganz ohne Creme und Glasur, aber trotzdem
locker und zart, oder der Mohn-Topfen-Himbeerkuchen. Käse und
Butter werden auch im Ab-Hof-Verkauf angeboten.

RUNDWEG ZUR KREUZWIESENALM

Dieser schöne Rundweg startet oberhalb von Lüsen, kurz vor dem Gasthaus Tulper (ausgewiesener Parkplatz Herol). Auf Markierung Nr. 3 geht es aufwärts, nach einer halben Stunde Gehzeit stoßen wir auf den Griablweg, der oberhalb der Waldgrenze in sanftem Auf und Ab den Hang querend und immer mit prächtiger Aussicht zur Kreuzwiesenalm führt (ab Parkplatz 2 Stunden, 180 Höhenmeter). Für den Rückweg steigen wir von der Kreuzwiesenalm kurz 150 Höhenmeter aufwärts zum breiten Weg Nr. 2A der fast parallel, aber etwas höher als der Griablweg wieder zurückführt. Kurz vor der Rastnerhütte (Einkehr, Tel. 0472 546422) nehmen wir den Weg Nr. 3 zurück zum Parkplatz.

⏳ 4 bis 5 Stunden, ⊢→ 13 km, 🌐 500 Höhenmeter

Der direkte Zugang zur Kreuzwiesenalm startet beim Parkplatz Schwaigerböden auf 1720 m: Ab hier auf einem Steig, die Kehren der Forststraße abkürzend, in 1 Stunde 10 Minuten zur Alm. Markierung Nr. 2 und 2A.

⏳ 2 Stunden, ⊢→ 4,5 km, 🌐 230 Höhenmeter

Die Kreuzwiesenalm ist auch im Winter an den Wochenenden geöffnet und ein lohnendes Ziel für Schneeschuhwanderer und Rodler. Ausgangspunkt ist der Parkplatz Lüsen-Oberflitt (1600 m).

INFOS IN KÜRZE

🡒 **Kreuzwiesenalm**, Fam. Hinteregger, Lüsner Alm, Tel. 0472 413714 oder 333 7484880, www.kreuzwiesenalm.com

🕐 Geöffnet von Mitte Mai bis Anfang Nov., über Weihnachten, Jan. und Febr. an den Wochenenden.

🚗 Von Lüsen Anfahrt bis zum Parkplatz Lüsen-Oberflitt.

41 SIMILE-MAHD-ALM, FREIENFELD

Am Ende des Sengestales bei Freienfeld im Wipptal steigen die Bergflanken steil und grasbewachsen auf, in einer Wiesenmulde liegt frei und einsam die Simile-Mahd-Alm. Die Aussicht geht über das Wipptal zu den gegenüberliegenden Sarntaler Alpen, zum Penser Joch, den Tatsch- und Flaggerspitzen sowie dem Tagewaldhorn.

Die Alm auf 2011 m gehört der Familie Rainer vom Similehof in Niederflans. Einst wurden die steilen Bergwiesen hier gemäht, daher der Name. Die Simile-Mahd-Alm bietet mit 11 Betten und einem Lager für 12 Personen eine der wenigen Unterkunftsmög-

⮑ PFUNDERER HÖHENWEG

Der mehrtägige Weitwanderweg in den südlich des Alpenhauptkammes gelegenen Pfunderer Bergen ist rund 70 km lang und in vier bis sechs Tagen zu bewältigen (Markierung: weißes Schild im roten Kreis). Er verläuft durch wenig begangenes, einsames, alpines und hochalpines Gelände auf einer Höhe zwischen 2000 und 3000 Metern, kurze Abschnitte sind mit Drahtseilen gesichert. Aufgrund der Höhe sind oft noch im Sommer Schneefelder zu überqueren, teilweise geht es weglos über Blockwerk, oberhalb der Simile-Mahd-Alm führt der Weg durch sehr abschüssige grasige Hänge, wo insbesondere bei Nässe Vorsicht geboten ist. Übernachtet wird in Almen, Schutzhütten und Biwaks. Infos beim AVS Südtirol, Tel. 0471 978141, www.alpenverein.it. Eine gute Übersicht gibt es auf der Webseite der Edelraut-Hütte: www.edelrauthuette.it, Stichwort „Touren".

lichkeiten auf diesem Abschnitt des Pfunderer Höhenweges, eines anspruchsvollen Etap-
pen-Wanderweges. Auf den Almwiesen grast
vorwiegend eigenes Vieh, darunter 15 Melkkühe, deren Milch zu Graukäse und Butter
verarbeitet wird. Im Frühsommer, bei bester
Milchleistung, sind das 8 kg Butter am Tag!

🍴 Albina Rainer, unterstützt von Tochter
Lisa, serviert einfache aber beste boden-
ständige Almkost: Omeletten, Schmarrn,
Gerstensuppe, Graukäse mit Zwiebeln und
Butter. Auf Bestellung, und wenn die Jäger
in der Familie Wild anliefern, kommt ein Braten auf den Tisch.
Köstlich sind die Mehlspeisen wie z. B. der Mohnstrudel oder der
Schokokuchen.

ZUR SIMILE-MAHD-ALM

Vom Parkplatz bei der ehemaligen Flaner Säge verläuft ein guter,
breiter Weg (Nr. 2) den Sengesbach entlang durch Wald und im
letzten Teil durch Wiesen bis zur Alm. Rückweg wie Hinweg.

⌛ 3½ Stunden (hin & retour), ⊢→ 12 km, 🌐 620 Höhenmeter

Wer noch Energie hat, kann von der Hütte auf streckenweise steilem Steig bis zum Trenser Jöchl aufsteigen, die Aussicht zu Dolomiten und Tuxer Alpen sowie ins Tal lohnt bestimmt, auf den Wiesen
wachsen ungewöhnlich viele und große Edelweiße. Nun auf dem
Kamm nordwärts (Weg Nr. 21A) bis zu einem Sattel auf 2500 m und
einem Tälchen entlang auf steilem Steig (Nr. 21) zur Hütte zurück.

⌛ Zusätzlich 3 Stunden, ⊢→ 6,6, 🌐 600 Höhenmeter

INFOS IN KÜRZE

➔ **Simile-Mahd-Alm**,
Albina und Alois Rainer,
Niederflans, Freienfeld,
Tel. 0472 647162 oder
347 2387457

🕐 Von Mitte Juni
bis Ende Sept. ohne
Ruhetag geöffnet.

🚗 Von der Brennerstraße vor
Freienfeld nach Niederflans
abbiegen, mit dem Auto bis
zum Parkplatz im Sengestal bei
der ehemaligen Flaner Säge.

42 : PERNFIECHTALM, JAUFENTAL

Bei Gasteig im Sterzinger Kessel zieht sich das Jaufental zu den Sarntaler Bergen hin: Es ist eng und waldreich, noch relativ unberührt, ein richtiger „Geheimtipp". Entlang des Bachs und auf der Sonnenseite des Tals liegen vereinzelt Bauernhöfe und Streuweiler, beim Örtchen Mittertal beginnt das kleine Sennerbergtal, das von der Röthenspitze und dem Sarner Weißhorn herunterläuft. Im Talschluss, von hohen Bergen umgeben, duckt sich die Pernfiechtalm einsam an den steilen Hang.

Die Alm gehört einer Interessentschaft von Jaufentaler Bauern, die hier im Sommer das Vieh auftreiben. Für „Halbschuhwanderer" und Gourmets ist die Alm der falsche Ort, wer aber bäuerliche Tradition, einfache, kräftige Kost und ursprüngliche Natur liebt sowie ein Stück steilen Waldsteigs nicht scheut, der liegt hier goldrichtig. Bernhard Plank und Willi Gschnitzer bewirtschaften seit vielen

 WIE DIE PERNFIECHTALM ZU IHREM NAMEN KAM

Am Sennerberg im Jaufental lag einst eine Alm, da trieben Wölfe, Bären und Luchse ihr Unwesen. Ein Bär trieb es besonders bunt und riss Schafe und Kälber, bis ihn eines Tages der Ochse des Fiechter-Bauern im Kampf gegen eine Felswand drückte und aufspießte. So nannte man die Alm Pernfiecht, was eigentlich „Bärenfiecht" heißt.

Jahren als Senner und Hirte die Alm, betreuen neben 15 Melkkühen etwa 50 Stück Galtvieh, dazu noch Ziegen, Schweine und Hennen. Aus der Milch werden aromatischer Käse und köstliche Butter gemacht, bei Vergleichsverkostungen heimsen die beiden immer wieder Preise ein – 17 Auszeichnungen haben sie bisher erhalten, erzählt Bernhard stolz.

 Bei der vielen Arbeit auf der Alm und dem steilen Weidegelände bleibt nicht viel Zeit für große Küche, aber für einfache Kost wie die Jausenbrettln mit selbst gemachtem Speck, Käse und Butter, den Spiegeleiern mit Speck und den Bratkartoffeln sowie Omeletten reicht es. An Sonntagen wird schon mal gegrillt, und Bier, Wein und Schnaps gibt's auch. Alles, was auf der Alm benötigt wird, muss mit der Materialseilbahn angeliefert werden, Straße wurde zum Ärger der beiden noch keine bewilligt.

🥾 ZUR PERNFIECHTALM

Vom Parkplatz Kaltenbrunn, oberhalb vom Jaufentaler Hof in Mittertal, zieht sich ein breiter Forstweg (Nr. 13) taleinwärts, flankiert von dichtem Fichtenwald und einzelnen Rodungswiesen. Im Talschluss verbreitert sich das Gelände etwas, bei einem Wegweiser nehmen wir links den steilen Waldsteig (rot-weiß markiert), der im Zickzack zur Pernfiechtalm hinaufführt (1½ Stunden ab Parkplatz). Auf dem Rückweg wandern wir auf dem etwas weniger steilen Weg (Nr. 14 und 13) den Talkessel aus und kommen dann zum Aufstiegsweg zurück.

⏱ 2 Stunden 40 Minuten, ↦ 8 km, ⦿ 510 Höhenmeter

INFOS IN KÜRZE

➔ **Pernfiechtalm**, Bernhard Plank und Willi Gschnitzer, Jaufental, Ratschings, Tel. 338 3743936

🕐 Von Mitte Juni bis 2. Sept. ohne Ruhetag geöffnet.

🚗 Bei Gasteig von der Jaufenpassstraße ins Jaufental abbiegen, bei Mittertal zum Hotel Jaufentaler Hof, hier links bis zum Weiler Kaltenbrunn (Parkplatz am Bach).

43 : JÖRGENKASER, ROSSKOPF

Auf den Hängen des Rosskopfes, dem Hausberg von Sterzing, wo sich im Winter die Skifahrer tummeln, sind im Sommer Wanderer auf gut markierten Wanderwegen unterwegs, Kühe und Pferde grasen auf den Almwiesen. Eine Kabinenbahn erschließt das Gebiet und bringt uns rasch und mühelos auf 1860 m Höhe; schon während der Fahrt genießen wir den fantastischen Ausblick auf das Städtchen Sterzing, die Zillertaler Alpen und das Wipptal. Von hier unternehmen wir einen Rundweg zu den Almen von Vallming.

Zehn Gebäude ducken sich in der weiten Talmulde an den Hang und bilden das Almdorf Vallming. Der seltsame Name Val(l)ming wird als „Tal des Minigo (Dominikus)" gedeutet. Gleich drei Almwirtschaften wetteifern um die Gunst der Gäste: die Jörgenkaser, die früher zum Jörgenhof in Sterzing gehörte und mittlerweile ausgesiedelt wurde, die Walterkaser, zum Walterhof im Tal gehörend, und die Baronkaser, die zum Hof des Baron von Sternbach in Mareit gehört. Wir entscheiden uns für die Jörgenkaser, wo eine uralte Tradition der Graukäseherstellung gepflegt wird. Etwa 15 Melkkühe und 35 Stück Jungvieh werden im Sommer „eingenommen". Floragunde Hasler und Peppi Ralser verarbeiten bis zu 300 Liter Milch am Tag zu Graukäse und Butter, Topfen und Buttermilch. Jährliche Auszeichnungen dieser Produkte bei Vergleichsverkostungen zeugen von deren Qualität.

Natürlich findet sich der Graukäse auf der Speisekarte wieder – etwa auf dem Jörgenbrettl, dazu gibt es hausgemachten Speck, Kaminwurzen und Butter, Essiggemüse und Pellkartoffeln. Ein Renner ist auch das Tris aus Graukäse- und Spinatknödeln und Topfen-Spinat-Teigtaschen. Joghurt, Sirupe und Säfte sind hausgemacht, neben einem offenen Vernatsch gibt es auch eine kleine Auswahl an Flaschenweinen und Fassbier.

ZUR VALLMINGALM

An der Bergstation der Rosskopfbahn nehmen wir Weg Nr. 19, der nach kurzem Anstieg in schöner, aussichtsreicher ebener Hangquerung an einem Garten mit Alpenblumen und -kräutern vorbei zu einem Geländevorsprung mit Brunnen, Bänken, einem großen Kreuz und einem kleinen Teich führt. Hier beginnt ein schattiger und vorwiegend durch Wald führender Wanderweg mit der Markierung Nr. 19A zur Vallmingalm (50 Minuten). Als Rückweg empfiehlt sich der markierte Steig Nr. 24B, von dem bald der Steig Nr. 34A abzweigt und über einen flachen Sattel und vorbei am Sterzinger Haus zur bereits in Sichtweite liegenden Bergstation hinabführt.

⏳ 2 Stunden, ⊩→ 5 km, ⊛ 280 Höhenmeter

INFOS IN KÜRZE

⊙ **Jörgenkaser**, Peppi Ralser und Floragunde Hasler, Sterzing, Tel. 333 4501211 oder 333 2259558, www.vallmingalm.it

🕐 Von Anfang Juni bis Ende Sept. ohne Ruhetag geöffnet.

🚗 Am nördlichen Stadtrand von Sterzing Parkplätze an der Talstation der Rosskopf-Seilbahn. Achten Sie auf den Fahrplan für die Talfahrt.

44 : PRANTNERALM, STERZING

Von Nordosten kommend verläuft ein Bergkamm von den Zillertaler Bergen zum Sterzinger Talbecken hin, er trennt das Pfitschtal vom Wipptal. An seinem sonnigen Abhang, in herrlicher Panoramalage und mit Aussicht zu den Stubaier Gletschern, zum Pflerscher Tribu- laun und nach Sterzing liegt auf knapp 1800 m die Prantneralm.

Die Prantneralm gehört zu einem Bauernhof im Tal, den ein Bruder von Hans Gogl, dem Hüttenwirt, bewirtschaftet. Im Sommer sind neben Galtvieh noch etwa 17 Melkkühe auf der Alm, deren Milch täglich zu Graukäse und Butter verarbeitet und an die Gäste der Alm und an Passanten verkauft wird. Die ganze Familie Gogl ist im Ein- satz: Hans ist der Koch, sein Sohn Christoph ist dabei, in seine Fuß- stapfen zu treten, seine Frau Erna kümmert sich um die Bedienung.

 ZUR PRANTNERALM

Vom Parkplatz führt eine breite, unbefestigte, zu militärischen Zwe- cken angelegte Straße in einer knappen Stunde zur Alm, im Winter ist die Strecke eine beliebte Rodelbahn. Schöner und naturnaher ist der Waldsteig (Nr. 3), der parallel zum Fahrweg zur Alm führt.

⏳ 1 Stunde 40 Minuten (hin & retour), ⟼ 5 km, 🅐 270 Höhenmeter

🍴 Auf der Speisekarte geht es traditionell zu: Jausenteller mit selbst gemachtem Butter, Speck und Käse, Knödel mit Speck, Leber, Rohnen, Käse oder Spinat, Omeletten, Schmarrn, Spiegeleier mit Bratkartoffeln und Speck. Eine absolute Spezialität sind die Braten, Schweinshaxen und Schweinerippchen aus dem Steinofen. Mehrmals in der Woche wird in einem großen, freistehenden gemauerten Ofen Roggen- und Dinkelbrot gebacken – Hans behauptet, die Alm sei auch die höchstgelegene Bäckerei Südtirols. Nach dem Brotbacken kommt das Fleisch in den noch heißen Ofen und wird so besonders zart. Die verschiedenen Nudelgerichte sind eine Reverenz an die italienische Küche, eine Besonderheit ist die Graukassuppe, eine mit Sahne gebundene Kartoffelsuppe mit etwas Graukäse, Brotcroutons und gebackenen Zwiebeln.

RUNDWEG ZUR PRANTNERALM ÜBER DEN SAUN

Oberhalb von Schmuders, beim Braunhof (Einkehr), beginnt der Waldweg Nr. 6, der auf den Saun führt, einer Bergkuppe (2062 m) mit prächtiger Aussicht auf das Wipptal und das Sterzinger Becken. Von der Gipfelkuppe nehmen wir den Kammweg (Nr. 6A) durch Lärchenwiesen zur Prantneralm und von dort den Waldweg Nr. 3 zurück zum Parkplatz.

⏳ 4 Stunden, ↦ 8,5 km, 🌐 720 Höhenmeter

Im Winter ist die Prantneralm ein beliebtes Ziel für Rodler und Winterwanderer. Die viel begangene Skiroute auf die Weißspitze führt direkt an der Alm vorbei, eine Einkehr auf der Alm ist ein Muss!

INFOS IN KÜRZE

➔ **Prantneralm**, Fam. Gogl, Sterzing, Tel. 333 4656009 oder 338 4959084, www.prantneralm.com

🕐 Von Mitte Mai bis Anfang Nov. ohne Ruhetag geöffnet, weiter Anfang Dez. bis Ostern.

🚗 Von der Pfitscher Straße kurz vor Wiesen links nach Flains und Schmuders abbiegen. Nach dem Braunhof Parkplatz an der 4. Kehre. Zufahrt auf unbefestigter Straße bis zur Alm möglich.

45 : ALLRISSALM, PFLERSCH

Bei Gossensaß zieht sich ein kleines Tal zu den Bergriesen an der österreichischen Grenze hin. Eine Laune der Natur hat hier in Pflersch markante Gipfel aus Dolomitgestein entstehen lassen – der schönste und mächtigste von ihnen, der 3097 m hohe Tribulaun, schaut der gegenüberliegenden Allrissalm direkt bei den Stubenfenstern hinein.

Die Almbesitzer, die Familie Staudacher, haben sich auf die Schreibweise Allriss festgelegt. Die Gästebewirtung hat mittlerweile die Oberhand über die Viehwirtschaft gewonnen, aus der einst bescheidenen Hütte ist durch Zu- und Neubau fast ein kleines Almdorf entstanden. Die Alm ist leicht auf einem guten und kurzen Weg zu erreichen. Dank der weitum bekannten Küche ist sie

INFOS IN KÜRZE

Allrissalm, Hermann und Walli Staudacher, Pflersch 111, Gossensaß, Tel. 349 2648358, www.ferienhaus-staudacher.com

Von Mai bis Anfang Nov. und von 25. Dez. bis Ende März geöffnet, Mo. Ruhetag (außer im Aug.).

Von St. Anton-Pflersch 200 m auf der südlichen Hangseite bergauf bis zum Parkplatz.

ein beliebtes Ausflugsziel von Einheimischen und von Gästen aus dem nahen Österreich, auch die Rodelbahn zieht im Winter Jung und Alt an. Bodnerberg und Wetterspitz, im Rücken der Alm, sind außerdem beliebte Skitourenberge, eine Einkehr bei der Hütte auf dem Rückweg ist ein Muss! Hermann, der Hüttenwirt, ist gelernter Koch, er führt – nach einem Intermezzo als Bauarbeiter und Skilehrer – mit seiner Frau Walli das Küchenregiment.

🍴 Bei den traditionellen Hüttengerichten punkten die Knödelvariationen, herausragend sind die Pressknödel, das Hirschgulasch, auf Bestellung das Rahmmus, zu dem die Krapfenfülle aus Apfel, Mohn, Rosinen, Zucker und Vanille gereicht wird. Walli ist die Kuchenbäckerin, abwechselnd gibt es Roulade, Torte, Apfelstrudel oder süße Krapfen. Selbst angesetzter Salbei- oder Schwarzbeerschnaps hilft bei der Verdauung.

🏃 PATRICK STAUDACHER

In der Hütte hängen Plakate und Rennsporttrophäen von Patrick Staudacher. Seine größten Erfolge feierte der Skiprofi in den Speed-Disziplinen, 2007 wurde er Weltmeister im Super-G.

👟 ZUR ALLRISSALM

Der kürzeste Weg geht vom Parkplatz in St. Anton-Pflersch auf kinderwagentauglichem Weg (Nr. 27, 27A und 27B) in einer Stunde zur Alm, Eilige nehmen die steilen, beschilderten Abkürzungen.

⏱ 1 Stunde 50 Minuten (hin & retour), ⟼ 5 km, 🌐 270 Höhenmeter

Für einen schönen Tagesausflug gehen wir vom Parkplatz beim Hotel Feuerstein hinter St. Anton über die Brücke, folgen dem Wasserfallweg auf der Sonnenseite bis zur Engstelle „Hölle", überqueren dort den Bach, steigen bei der zweiten Kehre über einen Steig (Wegweiser „Allriss") zum neu angelegten „Dolomieuweg" auf, der talauswärts durch Weiden und Wald mit prächtigen Blicken zum alles beherrschenden Tribulaun zur Alm führt. Von der Alm Abstieg zum Parkplatz.

⏱ 3 Stunden, ⟼ 7 km, 🌐 560 Höhenmeter

46 : GATTERERHÜTTE, VALS

Im Talschluss des Valser Tals, das sich von Mühlbach zu den Pfunderer Bergen hinzieht, liegt auf einem Wiesenboden die Fanealm, die wohl schönste Almsiedlung Südtirols. Vor dem Hintergrund der mächtigen Dreitausender drängen sich in einer Wiesenmulde 33 schindelgedeckte Almhütten um ein kleines Kirchlein. Drei von ihnen – die Zingerle-, die Kutten- und die Gattererhütte – sind bewirtschaftet.

Das Vieh auf den Weiden der Fanealm – etliche Hundert Rinder – gehört den Bauern aus Vals und anderer naher Dörfer. Zwei der Hütten sind Sennhütten, in denen Käse hergestellt wird: Die Zin-

🐄 SÜDTIROLER MILCHFEST

Am letzten Wochenende im August wird auf der Fanealm die Südtiroler Milch gefeiert. Inmitten der zahlreichen Almhütten werden den Besuchern beim Wettmelken oder Butterstampfen viel Spaß und Spannung geboten und alte Traditionen nahegebracht, auf der „Milchstraße" gibt es Informationen rund um die Südtiroler Milch. Die Kleinen erfahren von einer Geschichtenerzählerin alte Sagen und Bräuche rund um die Milch und können sich beim Heuhüpfen so richtig austoben. Die Käse- und Joghurtverkostung an der „Milchbar" schließt den Streifzug durch die Vielfalt der Südtiroler Milchprodukte ab. Bei kulinarischen Köstlichkeiten und Volksmusik vergeht die Zeit wie im Flug!

gerlehütte produziert einen würzigen, gelagerten Magerkäse, die Kuttenhütte einen Frischkäse sowie einen gereiften Vollmilchkäse. Butter und Käse werden an Passanten verkauft, in den Almwirtschaften aufgetischt oder an die Bauern abgegeben. Die Gattererhütte, die erste der Hütten am Weg, gehört zu einem großen Bauernhof in Vals. Martha Gatterer ist die Pächterin der Alm, Tochter Andrea und Sohn Michael helfen im Sommer gerne mit.

 Die Gattererhütte ist für ihre Knödelspezialitäten bekannt: Mittwochs stehen gleich 11 verschiedene Knödelvarianten, darunter Spinat-, Käse-, Pilz-, Brennnessel-, Bärlauch-, Rohnen-, Leber- oder Schwarzplentenknödel sowie dreierlei süße Knödel zur Auswahl. Beliebt ist auch der Topfenschmarrn mit Apfelmus. Zu jeder Tageszeit gibt es die Brettljausen mit frischer, süßer und wohlschmeckender Almbutter, auch als Valler Gold bekannt, und dem Almkäse.

🥾 ZUR FANEALM

Vom Talgrund in Vals zur Fanealm (1740 m) wurde entlang des Bachs abseits der Autozufahrt ein Wanderweg (Nr. 17) angelegt.

⏳ 3 Stunden (hin & retour), ⮕ 11 km, ⦿ 410 Höhenmeter

🥾 VON DER FANEALM ZUR BRIXNER HÜTTE

Eine lohnende Wanderung führt von der Fanealm zur Brixner Hütte (2300 m), mit Sommerbewirtschaftung und prächtiger Bergumrahmung. Von der Fanealm auf breitem Weg (Nr. 17) mäßig ansteigend hinauf zur eindrucksvollen Felsschlucht, der sogenannten Schramme, danach an der Weggabelung geradeaus, auf Steig Nr. 17 weiter talaufwärts und zuletzt in ein paar Serpentinen steil empor zur Hütte.

⏳ 2½ Stunden (hin & retour), ⊢→ 7,5 km, ⊕ 530 Höhenmeter

INFOS IN KÜRZE

➔ **Gattererhütte**, Fam. Gatterer, Vals, Tel. 0472 541056 (im Tal auf dem Bauernhof) oder 340 8000117 (wird täglich abgehört), www.gattererhuette.it

🕐 Von Ende April bis Anfang Nov. geöffnet, Mo. Ruhetag (außer Juli und Aug.). An den Ruhetagen sind die anderen Hütten turnusweise geöffnet.

🚗 Von Mühlbach 13,6 km nach Vals und weiter die schmale, kurvenreiche Autostraße bis zum Parkplatz beim sogenannten Ochsensprung. Von hier fünf Gehminuten fast eben hinüber zu den Almhütten. Von Juni bis zur ersten Woche im Okt. ab Parkplatz im Tal Straßensperre von 9 bis 17.30 Uhr, kostenpflichtiger Shuttledienst bis Ochsensprung.

Bauernhof spüren

Qualitätsgeprüfte Bauernhöfe für Ihren Urlaub, köstliche Hausmannskost in ausgewählten Hof- und Buschenschänken, hochwertige
Produkte unserer Direktvermarkter sowie authentisches bäuerliches
Handwerk – die Marke „Roter Hahn" zeigt Ihnen das Beste aus der Welt
der Südtiroler Bauernhöfe.

Roter Hahn – Südtiroler Bauernbund, K.-M.-Gamper-Str. 5
39100 Bozen, Tel. +39 0471 999 308, Fax +39 0471 981 171
info@roterhahn.it, **www.roterhahn.it**

47 | WIESERHÜTTE, ALTFASSTAL/MERANSEN

In den Bergen oberhalb von Mühlbach, im Ski- und Wandergebiet Gitschberg-Jochtal, geht es auf bequemen Wegen entlang eines Bächleins durch Wiesen und Wälder zur Wieserhütte.

Das Altfasstal ist eines der schönsten Bergtäler Südtirols, sonnig und offen, bequem zu erwandern und aus diesem Grund insbesondere für Familien mit Kindern ein ideales Ausflugsziel. Mehrere Almwirtschaften liegen auf dem Weg, wir aber peilen die Wieserhütte am Talende an. Es ist die Alm des Wieserhofs in Meransen, 50 Stück Vieh, davon 20 Kühe, sind zu versorgen, im Hochsommer gehen die Tiere auf die Hochalmen bei den Seefeldseen, im Früh- und Spätsommer grasen sie auf den Weiden rund um die Hütte. Josef Fischnaller ist auf dem Bauernhof, seine Frau Olga regiert in der Almküche, Sohn Simon hilft überall mit, aber hauptsächlich ist er für die Käseproduktion zuständig.

🍴 Es werden Graukäse, Ricotta, Frischkäse, verschiedene Kräuter- und Gewürzkäse, gelagerter Almkäse, Butter, Buttermilch und Joghurt hergestellt. Alle Erzeugnisse können auf der Hütte verkostet und gekauft werden.

🖐 DIE WIESERHÜTTE, EIN SCHUTZHAUS

Einst stand im Tal ein Schutzhaus des Alpenvereins Südtirol. 1968 brach während einer Silvesterfeier ein Brand aus und zerstörte es. In den darauffolgenden Jahren übernahm die Wieserhütte die Schutzhüttenfunktion, so wie alle Schutzhäuser bietet sie Betten und Schlaflager sowie einen Winterraum an. Sie ist das Ziel von Wanderern, die in den dahinterliegenden Bergen alpine Touren oder Mehrtageswanderungen unternehmen. Im Winter ist das Altfasstal wenig besucht. Der Talweg ist zwar nicht steil, wegen der seitlichen Hänge ist die Lawinengefahr aber sehr hoch.

👢 RUNDWEG ZUR WIESERHÜTTE

Als Alternative zum einfachen Talweg zur Hütte empfehlen wir diesen Rundweg: Am Parkplatz nehmen wir den breiten Weg Nr. 16A. Er führt uns durch schönen Hochwald, der immer wieder Blicke ins Altfasstal freigibt, an der rechten Talseite allmählich bergauf. Bei einer Weggabelung gehen wir geradeaus. Unser Weg trägt jetzt die Nr. 16B, er geht in einen Waldsteig über, der sich bei einer Almwiese (höchster Punkt, 1994 m) wieder ins Tal senkt. Der Rückweg geht talauswärts (Markierung Nr. 15), bei einer Weggabelung nach einem Brunnentrog nehmen wir den linken, ostseitigen Weg (Nr. 16), er ist weniger begangen und geht bald in einen schönen, ebenen Waldsteig über.

⏳ 3 Stunden, ↦ 11 km, 🌐 450 Höhenmeter

INFOS IN KÜRZE

→ **Wieserhütte,**
Simon Fischnaller, Meransen,
Tel. 0472 520350 (Hütte) oder
0472 520105 (Hof),
www.schutzhaus-wieserhuette.com

🕐 Von Mitte Mai
bis Anfang Nov.
(Allerheiligen) ohne
Ruhetag geöffnet.

🚗 In Meransen den
Schildern „Altfasstal"
bis zum gebühren-
pflichtigen Parkplatz
(1606 m) folgen.

48 GAMPIELALM, PFUNDERS

Bei Niedervintl im Pustertal biegt das Pfunderer Tal ab, an den Dörfern Weitental und Pfunders vorbei führt die Straße in eine wilde und scheinbar unzugängliche Bergwelt. Die Pfunderer Berge, eine Untergruppe der Zillertaler Alpen, sind fast ein weißer Fleck auf der Wanderkarte Südtirols, ein Grund mehr, zur Gampielalm (2047 m), auf einer aussichtsreichen Kuppe gelegen, aufzusteigen.

👟 ZUR GAMPIELALM

Der schnellste Weg startet beim Parkplatz oberhalb des Hintereggerhofes in Pfunders. Teils auf dem Forstweg, teils auf steilem Steig (Nr. 30), die Kehren abkürzend, ist die Strecke leicht zu schaffen, wer auf der Straße bleibt, benötigt eine halbe Stunde mehr.

⏳ 2½ Stunden (hin & retour), ⊢→ 4,5 km, 🌐 500 Höhenmeter

Ein lohnender Rundweg beginnt beim Weiler Dun, oberhalb des dortigen großen Parkplatzes, beim Lutzenhof (Weg Nr. 13, als „Almrundweg" beschrieben). In einer guten Stunde ist die Bodenalm (1799 m, Einkehrmöglichkeit) erreicht. Der Weg steigt weiter gleichmäßig an, in weiteren 40 Minuten sind wir auf dem Pfunderer Höhenweg (Nr. 30), biegen jetzt rechts ab und wandern auf dem breiten, neu trassierten Weg zur Gampielalm (2½ Stunden ab Start). Für den Rückweg nehmen wir den steilen Waldsteig Nr. 30A, der sich mit dem Aufstiegsweg verbindet und zum Parkplatz zurückführt.

⏳ 3 Stunden 50 Minuten, ⊢→ 9,5 km, 🌐 750 Höhenmeter

Die Gampielalm gehört zum Jenneweinhof in Pfunders. Im Sommer übersiedelt die ganze Familie vom Bauernhof in die Sommerfrische auf die große, gut ausgebaute und moderne Alm. Mit dabei sind die 12 Milchkühe, aber auch Katze, Hund, Hennen, Ziegen und Esel, etliches Vieh von anderen Bauern wird ebenfalls auf die Weide aufgetrieben. Manuela Huber steht in der Küche und verwöhnt die Gäste mit herzhafter Bauernkost, an Sonntagen wird sie dabei von ihrer Mutter unterstützt.

 Eine Köstlichkeit sind die Erdäpfelblattln mit Sauerkraut, auch die Press-, Käse-, Spinat- und Speckknödel schmecken vorzüglich. Der Graukäse kommt von einem Nachbarn bzw. der Käserei im Dorf, die Eier von den Hühnern auf der Alm, Kartoffeln und die Krautköpfe (Weißkohl) für das Sauerkraut vom eigenen Acker. Die Portionen sind riesig, die Hüttennudeln, Maccheroni mit Ragù, Speck und Sahne, sind kaum zu bewältigen. Viele Säfte wie Zitronenmelissen- oder Holundersaft, Himbeersirup, Eistee und Apfelsaft sind hausgemacht. Ausgeschenkt werden ein offener roter Magdalener und ein weißer Chardonnay.

⚒ DER PFUNDERER MARMOR

Die Pfunderer Berge sind aus unterschiedlichen Gesteinen gebildet, die auch wirtschaftlich genutzt wurden. Für den Bau der Klosterkirche in Ettal (Bayern), des Brixner Doms und der Franzensfeste wurde im 18. und 19. Jahrhundert Chloritschiefer gebrochen. 1963 wurde in Pfunders ein Unternehmen zum Abbau von Chloritschiefer, Serpentin und Quarzit gegründet.

INFOS IN KÜRZE

→ **Gampielalm**,
Manuela und Andreas Huber,
Vintl-Pfunders,
Tel. 0472 549204 oder
338 4858383,
www.gampielalm.com

🕐 Von 1. Juli
bis Ende Sept.,
kein Ruhetag,
im Juni nur
sonntags geöffnet.

🚗 Von der Pustertaler
Straße ab Niedervintl 14 km
bis zum Parkplatz beim
Hintereggerhof bzw. zum
Parkplatz Dun.

49 ÜTIA VACIARA, CAMPILL, GADERTAL

*Auf dem Südosthang des Peitlerkofels breiten sich sanfte, bucke-
lige Bergwiesen aus, auf denen etliche hölzerne Almhütten liegen.
Eine davon ist die Ütia Vaciara, die auf leichten Wanderwegen zu
erreichen ist.*

Die Hütte liegt prächtig, inmitten von Almwiesen,
mit Traumblick auf die Berge! Die Wiesen werden
seit jeher gemäht, das Heu wird ins Tal auf den
Gscnara-Hof gebracht. Mittlerweile ist die Hütte ein
Ausflugsgasthaus, die Speisekarte von Renata Pezzei
ist beachtlich!

Da mischt sich Tirol-Gadertalerisches mit Italie-
nischem: Neben Knödeln, Nocken, Omeletten,
Spiegeleiern und Bratkartoffeln sind verschiedene
Nudelgerichte, Polenta mit Käse, Bratwurst, Gulasch
und Pilze im Angebot. Außerdem gibt es am Sonntag eine Gerstensuppe und die Turtres mit Spinat
und Topfen. Wunderbar sind die Mehlspeisen: Karot-
ten- und Linzertorte, Mohn- und Apfelstrudel.

INFOS IN KÜRZE

Ütia Vaciara, Giuseppe
Zingerle und Renata Pezzei,
Campill-St. Martin in Thurn,
Tel. 0474 523163 oder
339 7026003, www.gscnara.it

Von Juni
bis Okt.
ohne Ruhetag
geöffnet.

Von der Gadertaler Straße
nach St. Martin abbiegen und
weiter bis Campill. Ab Campill,
Ortsteil Vi, mit dem Auto bis
zum Parkplatz am Waldrand.

ALMHÜTTENFERIEN IN DEN DOLOMITEN

Machen Sie sich den Traum wahr! Nichts stört die Ruhe in dieser Traumlandschaft auf der Vaciarahütte. Hier, auf 2090 m, übernachtet man umgeben von der hochalpinen Bergwelt am Fuß des Peitlerkofels: Der Blick zu den Dolomiten, zum Piz da Peres, zum Kreuzkofelmassiv, auf die Lavarella, den Lagazuoi und den Monte Pelmo ist einzigartig. Info: www.gscnara.it/almhuette

ZUR ÜTIA VACIARA

Der einfachste Weg geht vom Parkplatz am Waldrand oberhalb von Campill-Vì durch Lärchenwald und später Almwiesen zur Alm. Rückweg wie Hinweg.

 2 Stunden Stunden (hin & retour), ⊢→ 5 km, 410 Höhenmeter

Alternativ starten wir vom Parkplatz im Campiller Ortsteil Seres-Mühlental und folgen den Markierungen Nr. 4A, 4, 4B und 35. Nach etwas mehr als 2 Stunden erreichen wir die Vaciarahütte.

 4 Stunden 10 Minuten (hin & retour), ⊢→ 11,2 km, 710 Höhenmeter

DIE PEITLERKOFELUMRUNDUNG

Der abwechslungsreiche Weg um den Peitlerkofel, dem markanten nordwestlichsten Dolomitengipfel, führt an schroffen Felswänden und einer geologisch interessanten Schlucht vorbei, durch Wälder und blumenreiche Matten. Wir starten am Parkplatz Würzjoch auf 2004 m. Der Weg (Nr. 8A) geht gemütlich bergauf, am Rand der Schlucht des Moibaches vorbei, zur Almwirtschaft Munt de Furnela (2073 m), quert das Kar unter den Peitlerwänden, um als steiler Steig in Kehren bis zur Scharte (2348 m, 1 Stunde 10 Minuten) zu klettern. Hier geht der Blick weit über die Dolomitentäler. Nun wandern wir bergab (Weg Nr. 4B) und dann in leichtem Auf und Ab zur Vaciarahütte (2090 m, 2½ Stunden). Danach steigt der Steig zum Gömajoch (2108 m) und zur gleichnamigen Hütte, um dann kurzweilig durch Wald, Wiesen und Latschenbestände, an Felsblöcken vorbei zur Munt-de-Furnela-Hütte und zurück zum Parkplatz am Würzjoch zu gehen.

4 Stunden 10 Minuten, ⊢→ 13 km, 650 Höhenmeter

50 FOJEDÖRA HOCHALPENHÜTTE, PRAGS

Der Pragser Wildsee, einer der wohl schönsten Bergseen überhaupt, und der mächtige Gebirgsstock des Seekofels bilden den Rahmen für diese wunderbare, einfache aber lange Bergwanderung, bei der wir den Ausblick auf die faszinierende Welt der Hochalmen und der Dolomiten genießen. Unser Ziel ist die Fojedöra-Alm, ein kleines, malerisches Almdorf, das aus zehn kleinen Hütten besteht.

Eine der Hütten ist etwas größer, im unteren Teil fest gemauert und wird als Almausschank genutzt. Die Weideflächen dieses jahrhundertealten Almplatzes gehören einer Interessentschaft von Bauern aus St. Vigil in Enneberg. Sie treiben eine bunte Mischung von Tieren auf die Hochalpe: Etwa 140 Jungrinder, 40 Ziegen, 65 Schafe, 14 Pferde und 6 Esel verbringen hier die Sommermonate. Die Familie Moroder aus Gröden bewirtschaftet die einfache Alm. Gerold, der Senner, ist leidenschaftlicher Bergsteiger. Er verbringt den Winter als Ski- und Bergführer, wenn er nicht im Himalaya an Expeditionen teilnimmt. Seine Frau Sabine hat Erfahrung im Gastgewerbe, sie kümmert sich ums Wohlergehen der Wanderer und Mountainbiker. Die Alm liegt an einer beliebten Radstrecke, die von St. Vigil nach Prags führt und Teilstrecke des Transalp Alpencross ist.

Auf der kleinen Speisekarte ist neben den Jausen immer auch etwas Warmes im Angebot. Die Auswahl an Kuchen ist klein, aber fein: Abwechselnd gibt es Obstkuchen, Linzertorte oder Apfelstrudel. Die Säfte sind ebenfalls hausgemacht. Die zwei älteren Söhne, Max und Felix, helfen beim Viehhüten und Ziegenmelken mit, so kommen auch süße Ziegenmilch und Ziegenfrischkäse auf den Tisch. Der Kleinste hingegen, der Franz, hält alle auf Trab, selbst die Hühner sind vor ihm nicht sicher!

ZUR FOJEDÖRA HOCHALPENHÜTTE

Ausgehend vom gebührenpflichtigen Parkplatz am Pragser Wildsee (1498 m) schlagen wir Weg Nr. 19 zur Hochalpenhütte ein. Auf der breiten Seepromenade und dem Weg zur nahen Grünwaldalm (40 Minuten) begleiten uns noch Spaziergänger, doch bald lassen wir den Touristentrubel rund um den viel besuchten See hinter uns. Zunächst geht es auf dem breiten Forstweg oder auf dem parallel dazu verlaufenden Steig an einem munteren Bach entlang durch Wiesen und schütteren Wald zu einer Almhütte, der Alten Kaser, (1½ Stunden) und weiter, an einer Quelle vorbei. Steiler werdend, geht der Steig hinauf zu den Blockhütten der wunderbar in einem Kessel gelegenen Fojedöraalm (2115 m, ab Parkplatz 2½ Stunden). Wer noch eine Zugabe braucht, erreicht in weiteren 40 Minuten und 180 Höhenmetern über dem Somamunt-Sattel den kleinen, einsamen Hochalpensee (2252 m). Rückweg wie Hinweg.

4½ Stunden (hin & retour), ⟼ 14 km, 650 Höhenmeter

INFOS IN KÜRZE

Fojedöra Hochalpenhütte, Gerold und Sabine Moroder, St. Vigil in Enneberg, Tel. 335 8351505, moroder.gerold@hotmail.com

Von 20. Juni bis Ende Sept. In einer der Hütten kleines spartanisches Nachtlager für Wanderer.

Durch das Pragser Tal bis zum gebührenpflichtigen Parkplatz am Pragser Wildsee (1498 m).

51 : GRAN-FANES-ALM, FANES

Die Dolomiten sind an Einzigartigkeit wohl kaum zu überbieten, und das Gebiet der Fanesgruppe ist sozusagen das Zentrum davon, hier ist das ladinische Epos über das Reich der Fanes angesiedelt. Ein Kranz bizarrer Felsformationen umschließt eine Hochfläche, die von grünen Wiesenmatten überzogen und mit türkisen Seen gesprenkelt ist. Mehrere Schutzhütten und Almwirtschaften bieten Unterkunft und Verpflegung. Zu einer davon, der Gran-Fanes-Alm, führt unser Tagesausflug.

Die Gran-Fanes-Alm gehört mehreren Bauern aus St. Vigil, Abtei und Wengen, die während der Sommermonate etwa 120 Rinder und 20 Pferde auf die Hochweiden treiben. Zur Alm gehört auch eine besonders zahme Kuh, die Leni, die schon mal zum Küchenfenster hereinschaut. Sie liefert die Milch für den Hausgebrauch. Seit 17 Jahren steht die gemauerte neue Hütte und bietet den Pächtern Patrizia und Helmuth Miribung sowie den Wanderern etwas mehr Komfort.

Mama Agnes Miribung steht seit bald 40 Jahren in der Küche und sorgt für die gute Hausmannskost wie die lockeren Käsenocken, die Bratkartoffeln mit Ei und Speck und die Omeletten. Fleisch ist nicht oft auf der Speisekarte, es gibt keinen elektrischen Strom und somit auch keinen Kühlschrank, die Solarzellen liefern gerade mal die Energie für die Beleuchtung. Als Nachtisch gibt es zur Abwechslung keinen Apfelstrudel, sondern den Apfelkuchen nach Art von Mama Agnes.

**DIE SAGE VOM REICH DER FANES –
DAS NATIONALEPOS DER LADINER**

Um diese Gegend rankt sich die Sage vom Reich der Fanes mit ihren verzauberten Gestalten: der schönen, unglücklichen Königstochter Dolasilla, ihrem Widersacher Ey de Net, dem Helden Lidsanel aus dem Fassatal und den Murmeltieren, welche der Königin Unterschlupf gewähren. Nachzulesen im Buch „Dolomitensagen" von K. F. Wolff (Athesia).

ZUR GRAN-FANES-ALM

Vom Gasthof Pederü führt unser Weg stetig in die Höhe, dabei achten wir darauf, dass wir nicht die breite Schotterstraße, sondern den abwechslungsreichen Steig (ein Teilstück des großen Dolomitenweges Nr. 1) nehmen. Nach der Mühe des Anstieges treffen wir auf der Hochfläche auf die Klein-Fanes-Hütte, die Faneshütte (Tel. 0474 501097) und die Lavarellahütte (Tel. 0474 501079). Die beiden letzteren sind auch im Winter

bewirtschaftet, denn die Gegend ist Ziel von Winterwanderern und Skitourengehern. Unser Ziel lässt sich noch nicht erblicken, es liegt auf 2117 m hinter einer Anhöhe versteckt. Wir müssen an der Faneshütte vorbei, über den Limosattel zum Limosee, noch kurz abwärts und dann sind wir endlich bei der Alm. Rückweg wie Hinweg.

⌛ 5 Stunden (hin & retour), ⟼ 16 km, ⊕ 800 Höhenmeter

INFOS IN KÜRZE

↦ **Gran-Fanes-Alm**, Fam. Miribung, St. Vigil in Enneberg, Tel. 349 3172061 oder 346 2193374; kein Telefonnetz, die Mailbox wird täglich abgefragt

🕐 Von Ende Juni bis 20. Sept. ohne Ruhetag geöffnet.

🚗 Von St. Vigil in Enneberg mit dem Auto ca. 10 km bis zum gebührenpflichtigen Parkplatz am Ende des Rautales beim Gasthof Pederü.

52 VALPAROLAALM (EISENÖFENALM), ST. KASSIAN, GADERTAL

Im äußersten Südosten Südtirols breitet sich eine der prächtigsten Dolomitenlandschaften überhaupt aus. Eingerahmt von den Gipfeln der Fanesgruppe und den Felsentürmen des Lagazuoi zieht sich ein breites sonniges Tal von St. Kassian zum Valparola- und zum Falzaregopass hin. In dieser Traumlandschaft liegt auf 1740 m die Valparolaalm.

Die urige Valparolaalm – auch als Eisenöfenalm bekannt – gehört zum Moserhof in Hofern bei Terenten, das erklärt, warum der Almpächter und Käser, Oswald Oberhofer, aus dem Pustertal kommt. Das Weideland gehört der Diözese Bozen-Brixen, bis vor wenigen Jahrzehnten wurde am Vinzentinum in Brixen noch Vieh gehalten, im Sommer auf die Alm geschickt und die Milch hier verarbeitet. Die Almgebäude stehen kurioserweise auf dem Gebiet der Provinz Belluno, der Zufahrtsweg beginnt in Südtirol, im Sommer grast hier Weidevieh von Bauern aus der Gegend. Aus der Milch wird Topfen (Quark), Joghurt, Frischkäse und gereifter Mager-, Weich- und Vollmilchschnittkäse hergestellt. Es ist ein richtiger Familienbetrieb: Ruth Oberhofer steht in der Küche, Tochter Lena bedient, Sohn David arbeitet als Hirte.

🍴 Das Lieblingsgericht der Gäste ist das Bauernomelett (Frittata alla contadina) in der Pfanne serviert, mit Eiern, Speck, Käse, Tomaten und Frischkäse („primo sale"), dicht gefolgt von den Käsevariationen und den Süßspeisen wie Topfen- und Apfelstrudel, der Buchweizentorte und den Muffins mit Waldfrüchten.

🐟 WAS ES MIT DEN EISENÖFEN AUF SICH HATTE

Bereits 1177 wird das Eisenwerk von Fursil erwähnt, das Schmelz- und Hammerwerk Andraz bei Buchenstein wurde 1554 erbaut, es war im Besitz des Bistums Brixen und lieferte das weitum geschätzte „ferro d'agnello", Messer und Waffenklingen mit dem Siegel der Bischöfe von Brixen, dem Lamm. Wegen der schweren Erreichbarkeit und des Mangels an Brennholz für die Öfen – die Wälder waren abgeholzt und verheizt –, wurden die Eisenöfen 1612 nach Valparola verlegt, daher der Name. Im 17. Jahrhundert waren die Erzminen erschöpft, die Öfen wurden kurzzeitig nach Piccolein verlegt und bald stillgelegt.

ZUR VALPAROLAALM

Vom Parkplatz bei der Bar Sarè queren wir auf gutem, breitem Weg (Nr. 24B) über Wiesen und am Waldrand entlang den Talgrund und den Bach, an einer Wegkreuzung folgen wir der Beschilderung „Malga Valparola" (Weg Nr. 18), immer mit prächtiger Sicht auf die nahen Felswände der Cunturinesspitze, der Lavarella und des Setsass in 35 Minuten zur Alm. Der Weg ist bei Familien und Senioren äußerst beliebt und dementsprechend frequentiert.

⏳ 1 Stunde 10 Minuten (hin & retour), ↦ 5 km, 🌐 120 Höhenmeter

INFOS IN KÜRZE

↪ **Valparolaalm**, Fam. Oswald und Ruth Oberhofer, St. Kassian, Tel. 333 9105371, r.volgger@rolmail.net

🕐 Von Mitte Juni bis Mitte Sept. ohne Ruhetag geöffnet.

🚗 Von der Straße St. Kassian–Valparolapass nach der Brücke über den Bach mit dem Kiesabbau, bei der Bar Sarè (Bushaltestelle und Parkplatz) parken.

53 : GÖGEALM, WEISSENBACH

Bei Luttach, am Beginn des Ahrntals, mündet an der orographisch rechten Seite das kleine Seitental Weißenbach ein, in dessen Talschluss die Gögealm mit der Kapelle Maria Schnee auf einem ebenen Wiesengrund liegt. Hohe Berge rahmen das Almgelände ein, zum Alpenhauptkamm hin erhebt sich der Turnerkamp mit stattlichen 3420 m.

Die Gögealm gehört dem Außerhof-Bauern aus dem Tal, Familie Niederkofler führt die Almwirtschaft, die am Weg zur nahen Chemnitzer Hütte und dem Kellerbauerweg liegt. Vom Tal bis zu diesem besonderen Plätzchen sind 600 Höhenmeter zu überwinden, da kommen Hunger und Durst auf – gut, dass es auf der Alm was Ordentliches zum Essen gibt!

🍴 Beliebt ist die Hüttenpfanne mit einem Nudelgericht aus Maccheroni mit Fleischsoße, Speck, Pilzen und Sahne. Auch das sogenannte Gögebrettl mit Käse, Speck, Kaminwurzen und Essiggemüse wird gerne bestellt. Natürlich fehlen die verschiedenen Knödelvarianten nicht, mit dabei sind die für das Ahrntal typischen Pressknödel. Für den Durst gibt es neben mehrerlei Säften, offenem Schankwein und einigen guten Südtiroler Weinen in der Flasche auch Fassbier aus dem benachbarten österreichischen Zillertal. Bei der Verdauung hilft Ingwer-, Zirben-, Schwarzbeer- oder Enzianschnaps – alle selbst angesetzt. Nach dem Essen können sich die kleinen Gäste auf dem Spielplatz vor dem Haus austoben oder im flachen Bächlein hinter dem Haus nach Herzenslust plantschen.

🐟 DIE GÖGEALM, SEIT JAHRTAUSENDEN BESIEDELT

Auf dem Moosboden wenig oberhalb der Gögealm, einst ein See, entdeckten Archäologen bei Grabungen in den Jahren 2008 und 2009 an einer ufernahen Stelle über 90 Holzkellen. Der Depotfund stammt aus dem Zeitrahmen vom 1. Jahrtausend v. Chr. bis zur vorrömischen Eisenzeit. Die Gegenstände dürften im Rahmen von Kulthandlungen an einem Brandopferplatz deponiert worden sein. An einer anderen Stelle wurden Abschläge aus Silex und Bergkristall, darunter ein dreieckiger Mikrolith aus dem 8. Jahrtausend v. Chr., gefunden, Zeichen von Jagdtätigkeit und der uralten Begehung dieses Bergtales.

ZUR GÖGEALM

Vom Parkplatz bei der Jausenstation Ledohöüsnpub führt ein breiter Weg (Nr. 24) in vielen Kehren durch das Tal stetig aufwärts, den Bach entlang bis zu einem ebenen Hochtal oberhalb der Baumgrenze. Ein etwas steilerer, kurzweiliger und markierter Steig kürzt die Straßenkehren und die Aufstiegszeit zur Alm ein klein wenig ab. Wo sich im Sommer der breite Weg von Weißenbach zur Gögealm heraufzieht, steigen im Winter gern die Schneeschuhwanderer auf.

⏳ 3½ Stunden (hin & retour), ⟼ 9,7 km, 🌐 600 Höhenmeter

VON DER GÖGEALM ZUR CHEMNITZER HÜTTE

Von der Alm ist es nicht mehr weit bis zur Chemnitzer Hütte (2424 m), in 1 Stunde sind die 400 zusätzlichen Höhenmeter zu schaffen (Weg Nr. 24 und 24A).

⏳ 2 Stunden (hin & retour), ⟼ 4,3 km, 🌐 400 Höhenmeter

INFOS IN KÜRZE

➔ **Gögealm**, Fam. Niederkofler, Weißenbach, kein Tel. auf der Alm, Kontakt über den Außerhof in Weißenbach, Tel. 0474 680050

🕐 Von Mitte Juni bis Mitte Okt. ohne Ruhetag geöffnet

🚗 Von Luttach nach Weißenbach bis zum Parkplatz beim Gasthaus Ledohöüsnpub.

54 : DURRAALM, REIN IN TAUFERS

*Östlich von Sand in Taufers zieht sich ein Hochtal bis zu den ver-
gletscherten Dreitausendern der Rieserfernergruppe hin. An seinem Ende liegt in einem weiten sonnigen Talkessel das Dörfchen
Rein und nochmals ein Stück höher, am Westhang des Knuttenta-
les, die Durraalm auf 2096 m.*

Die Durraalm ist eine Privatalm, die zum Bacher-Hof in Rein gehört. Mittlerweile gehört zum Bacher ein florierender Gastbetrieb, das Hotel Berger. Der Besitzer, Hans Berger, ist Hotelier, Bauer, Skilehrer und Politiker in Personalunion. Bewirtschaftet wird die Alm von Helga und Hubert Ebenkofler, die auch die nahe Knuttenalm führen.

🍴 Beste Almgerichte werden aufgetischt: Käseknödel oder Pressknödel auf Krautsalat, Hüttenmaccheroni, Bratkartoffeln, Spiegelei und Speck, Omeletten und Schmarren; aus der Suppenküche kommen vielerlei herzhafte Suppen. Die Almmilch wird zu Butter, mehreren Sorten Käse, Butter- und Sauermilch verarbeitet. Topfen- oder Apfelstrudel sowie Linzertorte runden die Speisenfolge ab, wobei ein Gläschen Schnaps aus Zirbelkiefer oder Enzianwurzel zum Abschluss nicht fehlen darf.

ZUR DURRAALM

Das Knuttental, von hohen Bergen umgeben, zieht sich von Rein in Taufers als kleines Hochtal nach Nordosten hin. So macht Wandern richtig Spaß: einfache, angenehme Wege, leichte Orientierung, keine allzu anstrengenden Aufstiege und dazu herrliche Natur mit rauschenden Bächen, Wiesentälern, einer Vielfalt an Blumen vor einer Kulisse von schroffen, schneebedeckten Gipfeln sowie gemütliche Almhütten zur Einkehr!

Wir beginnen die Wanderung ca. 1 km nach dem Dörfchen Rein, beim großen Parkplatz. Von hier nehmen wir nicht den breiten Talweg, sondern steigen links auf Steig Nr. 1, dem bereits vor hundert Jahren angelegten „Fuldaer Weg", in einer guten Stunde zur Durraalm auf, immer mit stimmungsvollen Ausblicken zum Zillertaler Hauptkamm und der Rieserfernergruppe. Nach einer Einkehr gelangen wir auf Weg Nr. 1A ins Tal zur Knuttenalm hinab. Der breite Weg Nr. 9 von der Alm zum Parkplatz zurück folgt im Wesentlichen dem Bachverlauf.

⌛ 3 Stunden, ⊢→ 8 km, ⛰ 490 Höhenmeter

Ein weiterer lohnender Weg zur Durraalm ist der Reiner Höhenweg, der an der Kirche von Rein (1598 m) startet, über Weg Nr. 10 den Höhenweg erreicht und nun (Markierung 1A) mit schönster Aussicht übers Tal und zu den Giganten der Rieserfernergruppe an den malerischen Heuhütten der „Lobiser Schupfen" vorbei die Alm erreicht. Anschließend Abstieg über Steig Nr. 1 ins Tal und auf der Straße nach Rein zurück.

⌛ 4 Stunden, ⊢→ 12 km, ⛰ 670 Höhenmeter

INFOS IN KÜRZE

➔ **Durraalm**, Fam. Ebenkofler, Rein in Taufers, Tel. 349 4949480, www.knuttenalm.it/de/durraalm, hubert.ebenkofler@gmail.com

🕐 Von Ende Mai bis Anfang Nov. ohne Ruhetag geöffnet.

🚗 Von Rein etwa 1 km bis zum Parkplatz am Ende der Asphaltstraße.

55 : BERGERALM, ANTHOLZ

*Bei Olang erstreckt sich das idyllische Antholzertal zum Alpen-
hauptkamm hin, nach Norden wird es von der mächtigen Rieserfernergruppe mit Hoch- (3436 m) und Wildgall (3273 m) abgeschirmt.
Hier liegen nacheinander die Weiler Antholz-Niedertal, -Mittertal
und -Obertal in einer breiten Talmulde, an die steile Bergflanke
schmiegt sich die Bergeralm, das Ziel unserer Wanderung.*

Die auf 1640 m gelegene Bergeralm gehört zum Bergerhof in Mittertal, dessen Kühe hier während der Sommermonate weiden. Den
Wanderer erwartet eine urige Einkehr in grandioser Bergwelt! Seit
einigen Jahren führen Willy Messner und Tanja Nirschl die Almwirtschaft – ihre gute Küche ist weitum bekannt und beliebt. Das
Motto lautet: alles frisch und selbst gemacht, möglichst mit einheimischen Qualitätsprodukten.

Neben den üblichen Hüttengerichten
wie Knödel aller Art, Spiegeleier mit
Speck, Omeletten und Kaiserschmarrn sind
die Kasspatzln mit Almkäse, Speck und Zwiebeln der Renner. Willy ist Jäger und Schaf-
züchter, so wird auf Bestellung Wild und
Lamm aufgetischt. Am Sonntag sorgt Oma
Erika für süße Krapfen und Kniekiachl. Auf
der Getränkekarte stehen Fassbier, offene
einfache Landweine sowie einige Südtiroler
Flaschenweine, hausgemachte Säfte aus
Holunder- oder Melissensirup löschen den
Durst. Die Apfel-, Mohn-, Nuss- und Linzertorte sind der ganze Stolz von Tanja.

👟 ZUR BERGER- UND ZUR KUMPFLERALM

Dieser Rundweg führt durch dunkle Wälder zu zwei urigen Almen, tollen Aussichtspunkten, über Waldwege und am Ende durch die Tallandschaft. Bei der Sportzone in Antholz-Mittertal (1260 m) startet Weg Nr. 3, taucht bald in den Wald ein und führt zum tosenden Wasserfall des Klammbachs (bis hierher 50 Minuten). Weiter bergauf erreichen wir auf einer Lichtung die gemütliche Bergeralm, unser eigentliches Ziel. Nach einem weiteren kurzen Aufstieg stoßen wir auf den hangquerenden Höhenweg. Dabei folgen wir immer der Markierung Nr. 12 nach Südwesten und erreichen nach großteils ebener Wanderung mit schönen Talblicken nach 1 Stunde und 20 Minuten die Kumpfleralm (1655 m, Einkehr, geöffnet von Mitte Jun. bis Ende Sept., kein Ruhetag, Tel. 0474 492197). Weg und Steig Nr. 12 bringen uns bergab zur Aufstiegsroute und nach Antholz-Mittertal zurück.

⏳ 3 Stunden 10 Minuten, ⊢⊣ 8 km, 🌀 655 Höhenmeter
Zur Bergeralm: ⏳ 2 Stunden 10 Minuten (hin & retour), ⊢⊣ 4,2 km, 🌀 360 Höhenmeter

INFOS IN KÜRZE

🔁 **Bergeralm**, Willy Messner und Tanja Nirschl, Antholz-Mittertal, Tel. 348 8424337, www.almstunden.it

🕐 Von Mitte Mai bis Ende Juni von Do. bis So., von Juli bis Mitte Okt. ohne Ruhetag geöffnet.

🚗 Von der Talstraße biegt in Antholz-Mittertal die beschilderte Zufahrt zum Parkplatz an der Sportzone ab.

56 ⋮ TAISTNER VORDERALM, TAISTEN

Hoch über dem Dorf Taisten liegt zu Füßen des kühn in den Himmel aufragenden Rudlhorns, des Taistner Hausbergs, die Taistner Alm, auch Vorderalm genannt, um sie von einer etwas nördlicher gelegenen, der Hinteralm, zu unterscheiden. Das ausgedehnte Almgebiet mit seinen sanften Bergwiesen auf dem Bergrücken, der das Gsieser vom Antholzer Tal trennt, ist auf mehreren lohnenden Routen zugänglich.

Am Ende eines waldreichen Tals, an der Baumgrenze, liegt in einer weiten, zum Pustertal und den gegenüberliegenden Dolomiten hin offenen Mulde auf 2012 m die Taistner Alm. Sie ist im Besitz einer Gruppe von Taistner Bauern, die hier im Sommer um die 120 Stück Jung- und Galtvieh auftreiben. Etliche Kühe liefern die Milch für den Hausgebrauch von Butter und Käse. Vor 30 Jahren wurde neben der alten Holzhütte, die noch besteht, ein großes Haus errichtet, mit einer gemütlichen Gaststube und davor einer großen Sonnenterrasse. Karl Patzleiner ist hier der Chef, in der Küche regiert seine Lebensgefährtin Matilde, eine Profiköchin, die sogar aus einer einfachen Gerstensuppe ein köstliches Gericht zaubert.

Es gibt keine speziellen Fleischspeisen, sondern gute Hausmannskost mit ortstypischem Einschlag: allerlei Knödel, Omeletten, Bratkartoffeln mit Ei und Speck, Graukäse mit Zwiebeln,
Kaminwurzen am Brettl, Polenta mit Käse, Pilzen oder Pfifferlingen,
und dann – die herrlichen Kuchen! Schwarzbeerroulade, Marillenschnitten, Himbeer-Topfenkuchen und natürlich der Apfelstrudel.

ZUR TAISTNER VORDERALM

Vom Parkplatz (1616 m) beim Mudlerhof nehmen wir den breiten,
für den Autoverkehr gesperrten Forstweg (Nr. 38A), der in gleich-
mäßiger sanfter Steigung ohne Abweichmöglichkeit zur Alm führt.
Rückweg wie Hinweg.

2½ Stunden (hin & retour), ⊨→ 8 km, ⊕ 390 Höhenmeter

RUNDWEG ÜBER DEN LUTTERKOPF

Auch für diese Rundwanderung starten wir vom Parkplatz oberhalb
des Mudlerhofes. Wir nehmen den Weg Nr. 31, der zuerst als Forstweg, dann als Karrenweg durch Fichten- und später Lärchen- und
Zirbenwald sowie Almwiesen steil aber problemlos zum Lutterkopf
(2145 m, 1½ Stunden ab Parkplatz) mit prächtiger Aussicht, Bank
und Gipfelkreuz aufsteigt. Nun in herrlicher, aussichtsreicher
Kammquerung mit Blick auf Hoch- und Wildgall im Norden und mit
den Dolomiten im Rücken bis zur Abzweigung des Steiges Nr. 33,
der in kurzer Zeit zur bereits sichtbaren Taistner Alm führt. Von
der Alm geht der breite Forstweg (Nr. 38A) zum Parkplatz zurück.

3 Stunden 20 Minuten, ⊨→ 10 km, ⊕ 600 Höhenmeter

INFOS IN KÜRZE

➔ **Taistner Vorderalm,**
Karl Patzleiner,
Welsberg-Taisten,
Tel. 340 3359611

🕐 Von Anfang Juni
bis Mitte Okt. ohne
Ruhetag geöffnet,
weiter Weihnachten
bis 20. März (schöne
Rodelbahn!).

🚗 Von der Pustertaler Straße in
Welsberg nach Taisten abbiegen
und dort über die asphaltierte
Höfestraße bis zum Parkplatz
kurz oberhalb des Berggasthofs
Mudler fahren.

57 STOLLAALM, PRAGSER DOLOMITEN

Das Pragser Tal zählt zu den Perlen der Dolomiten: Die dunklen Wälder, die sattgrünen Wiesen und die Felswände des mächtigen Seekofels und der Hohen Gaisel ziehen viele Besucher in ihren Bann. Bei Altprags führt ein kleines Tal zur Stollaalm am Rand der Plätzwiese, einer Hochalm mit fantastischer Aussicht. Im Winter ist die Gegend ein Paradies für Langläufer, Schneeschuhwanderer und Skitourengeher, außerdem führt von der Plätzwiese eine 4 Kilometer lange, familienfreundliche Rodelbahn zu Tal.

Die Stollaalm ist eine Schönwetteralm: In der kleinen Hütte ist kein Platz für eine Gaststube, so wird nur draußen an den Tischen serviert, bei Schlechtwetter ist Ruhetag. „Denn", so sagt Hüttenwirt Franz Golser, „auch wenn es nach dem Regen wieder schön wird, auf die nassen Bänke im Freien will sich sowieso niemand setzen, da kann ich gleich zu Hause auf dem Hof bleiben". Franz besitzt in Sexten einen Bauernhof und fährt im Sommer täglich

INFOS IN KÜRZE

⊙ **Stollaalm**,
Franz und Martina
Golser, Prags,
Tel. 338 9992438

🕐 Von Anfang Juni bis
zum 1. So. im Okt. ohne
Ruhetag geöffnet. Bei
Regen geschlossen.

🚗 Von der Pustertaler Straße
nach Altprags und weiter zum
gebührenpflichtigen Parkplatz
beim Gasthof Brückele.

zur Alm, die ganze Familie hilft dort mit, auch Tochter Doris mit ihren Kindern. Stolla hat nichts mit einem Stall zu tun, der Name kommt von der Stolle („Klumpen"), Stollaalm bedeutet also so viel wie „Almwiesen mit vielen Kotklumpen bzw. Wiesenbuckeln".

🍴 Auf der Stollaalm soll es die besten Knödel weit und breit geben. Sie werden in mehreren Varianten serviert, darunter Pressknödel mit Käse oder Brennnesseln. Beliebt sind auch die Schlutzer, Teigtaschen mit Spinat und Topfen, oder die verschiedenen Nocken. Italiener, das Gros der Gäste im Hochsommer, bestellen gern Polenta mit Käse, Pilzen oder Gulasch. „Die Italiener sind gute Gäste, die essen gern und viel", sagt Franz. Ein Gedicht sind die Nachspeisen: Apfelküchlein, Kuchen, Waldfrüchte-, Schoko- und Marillenschnitten sowie Erdbeer- und Apfeltiramisù.

☞ DER FÖRSTER PIETRO

Um welch schönes Fleckchen Erde es sich hier handelt, beweist die Tatsache, dass hier das italienische öffentlich-rechtliche Fernsehen Rai in den letzten Jahren die mehrteilige Serie „Un passo dal cielo" mit Terence Hill, dem bekannten US-Schauspieler mit italienisch-deutschen Wurzeln, als Förster Pietro in der Hauptrolle gedreht hat. Unzählige Fans der erfolgreichen Serie pilgern im Sommer an die Drehorte in den Pragser Dolomiten.

👟 ZUR STOLLAALM AUF DER PLÄTZWIESE

Ein schöner Wanderweg (Nr. 18) schlängelt sich vom Gasthof Brückele im Talgrund (1491 m) den Bach entlang zur Stollaalm (1940 m) und auf die Plätzwiese. Rückweg teilweise auf Weg Nr. 37.

⏳ 3 Stunden, ↦ 9,5 km, 🧭 530 Höhenmeter

Für Wandermuffel, die nicht gerne aufsteigen: Während der Sommermonate fährt ein Linienbus von der Örtlichkeit Brückele auf die Plätzwiese (1976 m) und ermöglicht so den gemütlichen Abstieg zur Stollaalm und zurück ins Tal.

⏳ Abstieg 1½ Stunden, ↦ 5,2 km, 🧭 530 Höhenmeter im Abstieg

58 VERSELLALMEN, GSIES

Das idyllische, waldreiche Gsiesertal wird von den mächtigen Grenzbergen zu Österreich hin abgeschirmt, dahinter liegen das Defereggen- und das Villgratental. Wo heute für den Pkw-Verkehr Schluss ist, führten seit grauer Vorzeit Übergänge in die Nachbartäler. Ein Stück eines solchen Weges – genannt „Über die Jöcher" – gehen wir, um zu den weitläufigen Almen im hinteren Verselltal zu gelangen.

Der Name Versell geht auf das Lateinische „vallis" und „sella" zurück, also „Tal" bzw. „Sattel, Übergang" (nach Villgraten). Der einst schmale und steile Steig – Teile davon sind noch begehbar („Heuweg") – wurde längst durch einen breiten Forstweg ersetzt. Die Straße erschließt das Almgelände mit insgesamt acht Almen, etliche davon aus mehreren Gebäuden bestehend. Das Tal läuft in einem weiten, nach Westen offenen und sonnigen Kessel aus, 35 Hektar Wiesen, eine beachtliche Fläche in dieser Höhe, werden von den einzelnen Almbesitzern gemäht. Früher wurde das Heu mit Schlitten zu den Bauernhöfen im Tal gebracht, eine gefährliche Arbeit, die jetzt die Heulader übernehmen. Im Rahmen eines öffentlichen Förderprojektes und mit viel Eigenleistung wurden die Zäune und Steinmauern wiederhergestellt sowie sämtliche Schupfen saniert und mit Schindeldächern neu gedeckt, sodass sie für die nächsten Jahrhunderte gerüstet sind. Auch ein E-Werk wurde errichtet, um die Almen mit Strom zu versorgen. Zwei von ihnen, die Tolder- und Randlalm, sind bewirtschaftet und das Ziel unserer Wanderung.

👉 AUF ALTEN SCHMUGGLERWEGEN

Nach der Teilung Tirols im Jahr 1919 bildeten die Berge plötzlich die Grenze, von Militär und Finanzpolizei scharf bewacht. Es wurden Baracken für die Unterkünfte der Grenzsoldaten errichtet, Militärwege in Grenznähe gebaut, der Kontakt mit den Nachbarn hinter den Bergen wurde sehr erschwert, hierzu mussten die weit entfernten offiziellen Grenzübergänge mit strenger Personenkontrolle benutzt werden. Trotzdem fanden Schmuggler Möglichkeiten und Wege, das Preisgefälle bestimmter Waren zu nutzen. Sind es heutzutage Treibstoff, Zigaretten und Alkohol, die über die Grenze gelangen, so waren es in früheren Zeiten Salz, Pfeifentabak und Zigaretten, Spielkarten, Kaffee, Zucker, Saccharin, Feuersteine für Feuerzeuge und ganze Viehherden. Damals hatten die Rinder noch keine Erkennungsmarke im Ohr, eine billige Nordtiroler Kuh war von einer Südtiroler Kuh nicht zu unterscheiden. Einmal, so erzählt Josef Hintner von der Tolderalm, hätten sie 17 Stück Vieh auf einer Tour herübergebracht! Mittlerweile sind die Baracken der Grenzsoldaten verfallen, die Grenzen offen und – bis auf wenige Ausnahmen – die Preisunterschiede der Waren so gering, dass sich die Mühe und die Risiken des Schmuggelns nicht mehr lohnen.

👉 DER VERSELLER TUIFL

Früher war es üblich, unfolgsamen Kindern mit einer finsteren Gestalt zu drohen. Weil das Verseller Tal, zumindest an seinem Beginn, so eng, finster und unzugänglich ist, hieß es in Gsies, das dort ein Teufel hause, eben der Verseller Tuifl, der die widerspenstigen Kinder hole.

ZU DEN VERSELLALMEN

Bei der Kirche in St. Martin (1276 m) beginnt der breite, durchgehend mäßig steile Weg (Nr. 44); er überwindet in Serpentinen den schmalen felsigen Taleingang und zieht sich dann den Bach entlang durch schöne Wälder, an der Außerhüttenalm (1 Stunde 10 Minuten) vorbei, stetig in die Höhe bis zur Randlhütte (1862 m, 1 Stunde 50 Minuten). Noch weitere 10 Minuten Aufstieg und wir sind bei der Tolderhütte (1943 m), wo sich das Tal bereits etwas weitet. Ein weiterer kurzer Anstieg und das Tal öffnet sich zu einem breiten Kessel, in dem inmitten saftiger Wiesen mehrere, im Sommer zur Heuernte bewohnte Almhütten stehen (2050 m, 2½ Stunden).

⏳ 4 Stunden 10 Minuten (hin & retour), ⟼ 11 km, ⊛ 775 Höhenmeter

AUF DEN GERICHTSHALS

Bei der Randlhütte biegt in nördlicher Richtung ein Steig ab und führt zum „Gerichtshals", einer vorgeschobenen Bergkuppe mit Gipfelkreuz (2241 m), von der sich ein fantastischer Ausblick über das ganze Gsieser Tal und die umliegende Bergwelt bietet. Rückweg wie Hinweg.

⏳ ab Hütte 2 Stunden, ⟼ 4 km, ⊛ 370 Höhenmeter

VON DER RANDLHÜTTE ÜBER DIE MARABERGALM ZURÜCK

Wer nicht über den Aufstiegsweg zurückkehren möchte, kann von der Randlhütte einen Steig (Nr. 44B) nehmen, der im Anstieg durch ein Waldstück zur Marabergalm (nicht bewirtschaftet) führt. Bei der Kreuzung geht Weg Nr. 50 zurück ins Tal.

Zusätzliche ⏳ 3 Stunden, ⟼ 8 km, ⊛ 370 Höhenmeter Anstieg, 950 Höhenmeter Abstieg

DIE RANDLHÜTTE

Die private Alm (1862 m) gehört zum Hinterschuherhof in St. Martin in Gsies, der bereits 1299 urkundlich erwähnt ist. Bernhard Hintner und seine Mutter Annalies bewirtschaften die blitzsaubere Hütte im Sommer. Dass der unlängst verstorbene Vater Instrumentenbauer war, ist an den vielen liebevollen Details zu erkennen, mit denen die alte, in Blockbauweise errichtete Almhütte ausgestattet ist.

🍴 Annalies Hintner kocht schnörkellose Gerichte, wie Speck- und Käsepressknödel, Spiegeleier mit Speck; weiters gibt es Brettljausen und den täglich frisch gebackenen Apfelstrudel. Auf der Alm werden Butter und Käse gemacht, die Eier kommen vom Hof – alles ist einfach und gut.

DIE TOLDERALM

Die Alm auf 1943 m gehört zum Tolderhof bei St. Martin, der bereits 1299 als Hof eines Berthold, daher Told, genannt wird. Zwei Hirten betreuen auf der Alm 130 Stück Jung- und Galtvieh und etliche Melkkühe. Auf der am Wiesenhang gelegenen Hütte mit uriger Stube und Sonnenterrasse ist Mama Theresia, Jahrgang 1939, der gute Geist.

🍴 Seit dem Kindesalter von drei Jahren ist sie jeden Sommer auf der Alm, die Küche und die Käsezubereitung sind ihr Reich, entsprechend wird hier einfache Almkost serviert: Speckknödel, Omeletten, Schmarrn, Eier und Speck, Polenta mit Käse.

INFOS IN KÜRZE

➡ **Randlhütte**, Bernhard und Annalies Hintner, Hinterschuherhof, St. Martin-Gsies, Tel. 389 2780383, bennohintner@gmail.com
🕐 Von Juli bis Ende Sept. geöffnet, Mi. Ruhetag.

➡ **Tolderalm**, Josef Hintner, Schuer 18/A, St. Martin-Gsies, Tel. 0474 978238 oder 347 8732429, josef.hintner@gmail.com.
🕐 Von Juli bis Ende Sept. geöffnet, Mo. Ruhetag.

🚗 Auf der Gsieser Talstraße bis St. Martin, Parkplatz bei der Kirche.

Oswald Stimpfl
Blumenwanderungen in Südtirol
Hg. in Zusammenarbeit mit dem Naturmuseum Südtirol
168 S., ISBN 978-3-85256-520-0

Oswald Stimpfl
Südtirol für Kinder
Ausflüge mit der Rasselbande
168 S., ISBN 978-3-85256-617-7

Anneliese Kompatscher / Tobias Schmalzl
Südtirols Küche – raffiniert einfach
Mit Weintipps
160 S., ISBN 978-3-85256-352-7

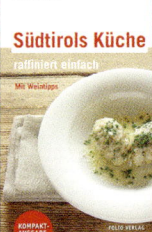

Oswald Stimpfl
Traube, Post und Goldner Adler
Dorfgasthäuser in Südtirol
152 S., ISBN 978-3-85256-561-3

Josef Rohrer
Meran kompakt
Die Stadt und ihre Umgebung
104 S., ISBN 978-3-85256-562-0

Oswald Stimpfl
Bozen kompakt
Sehenswertes, Gastlichkeit, Kultur
72 S., ISBN 978-3-85256-645-0

Ariane Löbert / Willy Tschager
Südtirols schönste Rodelbahnen
Ausflüge für die ganze Familie
144 S., ISBN 978-3-85256-632-0

Angelika Fleckinger
Ötzi, der Mann aus dem Eis
Alles Wissenswerte zum Nachschlagen und Staunen
120 S., ISBN 978-3-85256-573-6

folio

59 LANGALM, DREI ZINNEN

Welch ein Panorama, was für ein majestätischer Anblick! Die Drei Zinnen, das Wahrzeichen der Dolomiten, sind zum Greifen nahe, ihre gelben Wände ragen himmelhoch auf, Berge und Felstürme soweit das Auge reicht. Die karge grasige Hochalpe zieht sich bis zu den Geröllhalden am Fuß der Felswände hin, hier liegt auf 2282 m die Langalm.

Die Drei Zinnen gehören verwaltungstechnisch zur Provinz Belluno, die Grenze verläuft über den Gipfelkamm, und weil die Zinnen markant nach Norden überhängend sind, ist es nicht so sicher, dass Teile des Almgeländes am Fuß des Gebirgsstocks Südtiroler Gebiet sind. Die 1994 anstelle einer alten Hütte erbaute Alm gehört jedenfalls einer Interessentschaft von Toblacher Bauern, die rund 130 Stück Jung- und Galtvieh auftreiben. Auch zwei Melkkühe sind

ANTONIO LOCATELLI

Die große und viel besuchte Drei-Zinnen-Hütte, die für ihren Ausblick auf die Nordwände des Gebirgsstocks berühmt ist, trägt auf Italienisch den Namen Rifugio Locatelli. Damit wird Antonio Locatelli, ein italienischer Kriegspilot, geehrt, der im Ersten Weltkrieg gemeinsam mit Gabriele d'Annunzio bis nach Wien flog und dort Flugblätter abwarf. Diese Aktion beeinflusste in keiner Weise das Kriegsgeschehen, erregte aber viel Aufmerksamkeit. 1924 wurde er Abgeordneter und 1933 faschistischer Statthalter seiner Heimatstadt Bergamo. 1936 starb Locatelli im Abessinienkrieg, zu Südtirol gab es keinerlei Verbindung.

hier zur Sommerfrische, sie versorgen die Alm mit Milch, woraus täglich Joghurt für die köstlichen Fruchtdesserts hergestellt wird. Alles, was auf der Hütte benötigt wird, muss eingeflogen werden, die Fotovoltaikanlage reicht gerade einmal für die Beleuchtung, an eine Kühltruhe ist nicht zu denken. Entsprechend ist das Speisenangebot, aber an ausgezeichneter Qualität mangelt es nicht. Die ganze Familie ist im Einsatz: die Eltern Albert und Brigitte Walder, die Töchter Stephanie und Rebecca, Sohn Simon als gelernter Koch und seine Freundin Martina.

 Es gibt Bratkartoffeln mit Spiegeleiern und Speck, Pressknödel mit Krautsalat, Suppen, Pilzgerichte mit Polenta oder Käse. Eine Wucht ist der Apfelstrudel mit Mürbteig, auch die verschiedenen Kuchen und Joghurtdesserts sind hervorragend.

👟 DIE UMRUNDUNG DER DREI ZINNEN

Wer die Umrundung der Drei Zinnen in Angriff nimmt, kommt an der Langalm, der Lavaredo- und der Drei-Zinnen-Hütte vorbei. Da diese Tour nicht sehr schwierig ist, ist der Andrang von Familien, Senioren und Kindern entsprechend groß. Ausgangspunkt ist der Parkplatz bei der Auronzohütte (2326 m). Der gut markierte Steig (Nr. 101 und Nr. 105) lässt sich sowohl im als auch gegen den Uhrzeigersinn begehen.

⌛ 3 Stunden, ⟼ 9,5 km, 🌀 440 Höhenmeter

INFOS IN KÜRZE

➔ **Langalm**,
Fam. Walder, Toblach,
Tel. 380 46665566,
anitram83@libero.it

🕐 Von Juni
bis Sept.
ohne Ruhetag
geöffnet.

🚗 Von Toblach über den Misurinapass auf einer privaten Mautstraße (Fahrgemeinschaft bilden oder den Linienbus nehmen) zum Parkplatz bei der Auronzohütte an der Südseite der Drei Zinnen.

60 : SILVESTERALM, TOBLACH

Im Hochpustertal, auf der Höhe von Innichen und Toblach, zieht sich parallel zum Haupttal das Silvestertal hin, von diesem durch den bewaldeten dunklen Rücken des Innichbergs getrennt. Unser Ziel ist die auf 1815 m gelegene Silvesteralm. In ihrem Hintergrund erheben sich die grasigen Buckel von Markinkele und dem Toblacher Pfannhorn, dahinter liegt bereits das Osttiroler Villgratental.

Der Almplatz ist uralt, davon zeugt auch das Silvesterkirchlein aus dem 13. Jahrhundert, von dem Tal, Alm und Berg den Namen haben. 2011 wurde anstelle der bescheidenen alten Almhütte von den Bauern der umliegenden Gemeinden ein fester Holzbau errichtet und 2013 ein neuer Almpächter gesucht. Das war die Chance für Anna Costabiei, gebürtige Gadertalerin und seit Jahren Köchin in einem Krankenhaus, neue Wege einzuschlagen. Sie übernahm mit ihrem Bruder Genesius (genannt Nese), einem erfahrenen Hirten, die Alm, ihre Freundinnen Nadja und Fide gehen ihr zur Hand: Nese kümmert sich ums Vieh und das Damentrio mit Elan, Freude und Begeisterung um Küche und Service. So lautet ihr Motto, das im Hausprospekt nachzulesen ist: „Wenn du etwas erleben möchtest, das du noch nie erlebt hast, musst du etwas tun, das du noch nie getan hast."

🍴 Aufgetischt wird beste Tiroler Hausmannskost wie Omeletten, Knödel und Gulasch, weiter Polenta mit Pilzen oder Käse, hausgemachter Joghurt, verschiedene Kuchen, Säfte, als offener Schankwein ein Kalterer See, Obstbrände aus dem Vinschgau – da stimmt alles.

☞ ST. SILVESTER AUF DER ALM

Auf einem Bergvorsprung steht das uralte Kirchlein zum hl. Silvester, manches weist sogar auf eine vorchristliche Kultstätte hin. Die Apsis wurde von Meister Leonhard von Brixen um 1450 geschmückt, dargestellt sind die Patrone des Bistums Brixen Albuin und Ingenuin, jene von Innichen (Korbinian und Candidus), der hl. Silvester und die Heiligen Drei Könige. Dem hl. Silvester wurde der Schutz und die Gesundheit des Almviehs anvertraut. Das Heiligtum des hochverehrten Viehpatrons wird immer noch von Bauern und Hirten des gesamten Hochpustertals besucht. Die Kapelle ist von Juni bis Oktober geöffnet. Pilger hinterlassen in und vor dem Kirchlein mit Grashalmen zu einem Kreuz gebundene Lärchenzweige.

👟 ZUR SILVESTERALM

Vom Parkplatz bei der Schöneggersäge geht ein guter Weg (Nr. 1) gemächlich steigend durch das Silvestertal zur Alm. Rückweg wie Hinweg.

⏳ 2½ Stunden (hin & retour), ↦ 8,5 km, 🌀 210 Höhenmeter

Der kürzeste Zugang startet vom Bodeneck aus: In 20 Minuten ist die Alm auf breitem, ebenem Weg (Nr. 1A) erreicht.

INFOS IN KÜRZE

↪ **Silvesteralm**, Anna Costabiei, Wahlen-Toblach, Tel. 347 2935686 costabiei.anna@libero.it

🕐 Von Anfang Juni bis Ende Sept., je nach Wetter, ohne Ruhetag geöffnet.

🚗 Von Toblach nordwärts nach Wahlen rechts bis zum Parkplatz bei der Schöneggensäge. Alternativ von Toblach auf den Haslberg bis zur Lachwiesenhütte (Einkehrmöglichkeit), dann weiter auf dem alten, unbefestigten, aber guten Militärweg bis zum Bodeneck.

61 : KLAMMBACHALM, SEXTEN

Zwischen dem Karnischen Kamm an der österreichischen Grenze ganz im Osten Südtirols und den Sextner Dolomiten zieht sich vom Pustertal her das Sextner Tal nach Süden. Im Talschluss liegt der Kreuzbergpass, der Übergang ins benachbarte Veneto, im Westen türmen sich die Berge der eindrucksvollen Sextner Sonnenuhr auf. An deren Spitzen lässt sich, je nach Sonnenstand, die Uhrzeit ablesen, die einzelnen Gipfel heißen Neuner, Zehner, Elferkofel, Zwölferkofel und Einserkofel.

Die weiten, sanften Hänge hinter der Klammbachalm sind bestes Weidegebiet, seit über einem Jahrtausend ist der Viehauftrieb hier dokumentiert. Franz Innerkofler, Senner und Pächter der Alm, betreut gemeinsam mit einem weiteren Hirten etwa 270 Rinder, 30 Pferde, 100 Schafe und 50 Ziegen. Die geschützte Sonnenterrasse vor der Hütte, mit dem Panoramablick zu den Sextner Dolomiten samt Sonnenuhr und den Drei Zinnen, lädt zum Verweilen und Genießen ein.

Den Wanderer erwartet nach dem Aufstieg zur Klammbachalm traditionelle Tiroler Bauernkost wie Käsenocken auf Krautsalat, verschiedene Knödelvarianten, Kaiserschmarrn und Gerstensuppe. Auch die Hirtenmaccheroni – Nudeln mit einer würzigen „Spezialsauce" – werden gerne bestellt. An den Wochenenden und in der Hochsaison steht zur Freude der Wildliebhaber ein Wildgericht auf der Karte – der Hüttenwirt ist Jäger, für Nachschub ist also gesorgt. Apfelstrudel ist immer im Angebot, dazu Kuchen, oft eine Buchweizen- oder Linzertorte. Der Verdauungsschnaps aus Zirbelkieferzapfen ist selbst angesetzt.

🥾 ÜBER DEN KARNISCHEN KAMM ZUR KLAMMBACHALM

Diese lange, aber leichte Rundwanderung bietet herrliche Ausblicke und sanfte Wege über Hochalmen im Kammgebiet. Die Höhe erklimmen wir mit der Helmbahn (Talstation in St. Veit), an der Bergstation nehmen wir den Karnischen Höhenweg nach Süden und erreichen nach 1½ Stunden die Sillianer Hütte (2431 m). Hier beginnt der Abstieg auf Weg Nr. 134 zur Klammbachalm (ab Bergstation 2 Stunden 50 Minuten). In einer langen, herrlichen Hangquerung (Weg Nr. 13) gelangen wir, am Festungswerk Mitterberg aus dem Ersten Weltkrieg vorbei, zum Gasthaus Panorama und auf einem Steig (Katzenleiter genannt) nach Moos. Von dort ist es ein knapper Kilometer zurück zur Talstation der Seilbahn.

🥾 4½ Stunden, ⟼ 15 km, 🐾 450 Höhenmeter im Aufstieg, 1200 Höhenmeter im Abstieg

Der einfachste Weg zur Alm führt von Moos auf einem breiten Wald- und Wiesenweg (Nr. 13 und 133) zur Alm.

🥾 nur Aufstieg 1 Stunde 40 Minuten, ⟼ 5,2 km, 🐾 600 Höhenmeter

Für den Rückweg bieten sich mehrere Varianten an, etwa die Wege Nr. 13 und 3a zum Negerdörfl und ins Tal.

🥾 4 Stunden (hin & retour), ⟼ 11,4 km, 🐾 670 Höhenmeter

INFOS IN KÜRZE

➔ **Klammbachalm**,
Franz Innerkofler,
Alpe-Nemes-Straße 10/1,
Sexten, Tel. 335 657 2955
oder 348 8901843,
klammbach1@yahoo.de

🕐 Von Ende Mai bis
Mitte Okt. ohne
Ruhetag geöffnet,
im Winter von Anfang
Dez. bis Ostern.

🚗 Nach Sexten bis
St. Veit, Parkplatz an der
Seilbahn, oder Moos,
Parkplatz bei der Kirche.

AUS SÜDTIROLS SPEISEKARTEN

Zum besseren Verständnis der Speisekarten sind hier einige typische Südtiroler Gerichte und Begriffe erklärt.

Apfelkiechl: in Teig ausgebackene Apfelscheiben

Bauernbratl: Eintopf, Schweinebraten mit Kartoffeln

Bockernes: ähnlich dem Schöpsernen, aber vom jungen Geißbock

Buschenschenke: Die Tradition der Buschenschenke geht auf das Mittelalter zurück, als den Bauern zugestanden wurde, den eigenen Wein aufzuschenken. Heute werden meist traditionelle Gerichte angeboten. Buschenschenken dürfen nur sechs Monate im Jahr offen halten.

Erdäpfel: Kartoffel

Erdäpfelblattln: Gebackenes aus Kartoffelteig

Gerstsuppe: Suppe aus Gerste, Gemüse und Selchfleischstücken

Graukasnocken: Nocken mit kräftigem Magerkäse, dem sogenannten Graukas

Gröstl: Eintopf aus Bratkartoffeln und gekochtem Rindfleisch

Hauswurst: frische, gekochte Schweinewurst; klassisches Törggelegericht

Hofschenke: Hofschankbetrieb, in dem Produkte aus Eigenbau aufgetischt werden, gibt es auch in Gebieten, wo kein Wein angebaut wird.

Kaminwurz: Luftgetrocknete und leicht geräucherte, dünne Trockenwurst, die bei keiner Brettljause fehlen darf.

Kasnocken: Käsenocken

Keschtn: Kastanien (gebratene), die Edel- oder Esskastanien, in Österreich und Bayern Maroni genannt.

Kiechl oder **Kniekiechl:** Kreisförmiges Hefegebäck mit einer Vertiefung in der Mitte, die nach dem Backen mit Marmelade gefüllt wird.

Knödel: Faustgroße gekochte Klöße, deren Hauptbestandteile Semmeln, Speck, Eier, Milch und Mehl sind. Statt Speck werden oft auch Käse, Spinat und Pilze beigemengt.

Krapfen: Je nach Gegend rauten- oder halbmondförmiges Gebäck, das mit Mohn, Birnen- oder Preiselbeermarmelade, Aniszucker o. Ä. gefüllt wird.

Marille: Aprikose

Milzschnitten: Suppeneinlage, bei der Weißbrot mit Milz bestrichen, geschichtet, gebacken und dann geschnitten wird.

Mus: Früher das Volksgericht der armen Leute; es wird aus weißem, fein gemahlenem Maismehl gekocht; es gibt auch Gries- oder Schwarzplenten-Mus.

Nuier: neuer, meist noch gärungstrüber Wein

Omelett: Eierkuchen, Pfannkuchen

Ossobuco: Scheiben von der Kalbsstelze, also dem quer geschnittenen Markknochen der Stelze

Polenta: Maisbrei; wird als Beilage zu Pilzen, Braten oder Gulasch gereicht.

Pressknödel: flach gedrückter Knödel, erst gebraten, dann in Salzwasser gekocht

Ribisel: Johannisbeeren

Ribl: Krümelig gebratener Mais- oder Buchweizenbrei, oft werden auch Kartoffeln beigemischt.

Rindsgeselchtes: geräuchertes Rindfleisch

Rohnen: Rote Bete

Schlutzer / Schlutzkrapfen: mit Spinat gefüllte, halbmondförmige Teigtaschen, serviert mit zerlassener Butter und Parmesankäse

Schmarrn: In Stücke gerissenes Omelett, mit Zucker bestreut; beim Kaiserschmarrn werden dem Teig Sultaninen beigegeben.

Schneemilch: Nachspeise aus dem Vinschgau

Schöpsernes / Schöpsenbraten: Hammelbraten vom Jungschaf, der am besten im Rohr zubereitet wird. Im Herbst typisches Fleischgericht in den Berggasthäusern.

Schupfnudeln: in Butterbröseln leicht geröstete, fingerdicke, gekochte Nocken aus Kartoffelteig

Schüttelbrot: Der dünnflüssige Brotteig aus Roggenmehl wird nicht gewalkt, sondern auf einem runden Brett geschüttelt; so entstehen dünne, knusprige Fladenbrote, die lange haltbar sind.

Schwarzbeeren: Heidelbeeren

Schwarzplent: Buchweizen; das Mehl hat einen nussigen Geschmack und wird deshalb bevorzugt zu Kuchen, aber auch Knödeln verarbeitet.

Selchen: räuchern

Selchkarree: geräuchertes und gepökeltes Rippenstück vom Schwein, „Kassler"

Siaßer: süßer, unvergorener Traubenmost

Spatzln: Spätzle

Speck: Der Name „Südtiroler Speck" wurde von der EU zum geschützten Markenprodukt erklärt. Er bezeichnet ausreichend gereiftes, leicht geräuchertes Schweinefleisch mit niedrigem Salzgehalt. Selbst gemachter „Bauernspeck" ist heute selten, aber in manchem Dorfgasthaus noch zu finden.

Strauben: goldgelb gebackene, schneckenförmige, tellergroße Süßspeise

Suren: pökeln

Tirtlan: mit Sauerkraut, Quark, Spinat oder süß gefüllte und in Schmalz ausgebackene runde Teigtaschen

Topfen: Quark

Törggelen: Der Name kommt von der „Torggl", der alten Weinpresse. Heute bezeichnet Törggelen die Verkostung des neuen Weins zu deftigen Schlachtplatten und gebratenen Kastanien.

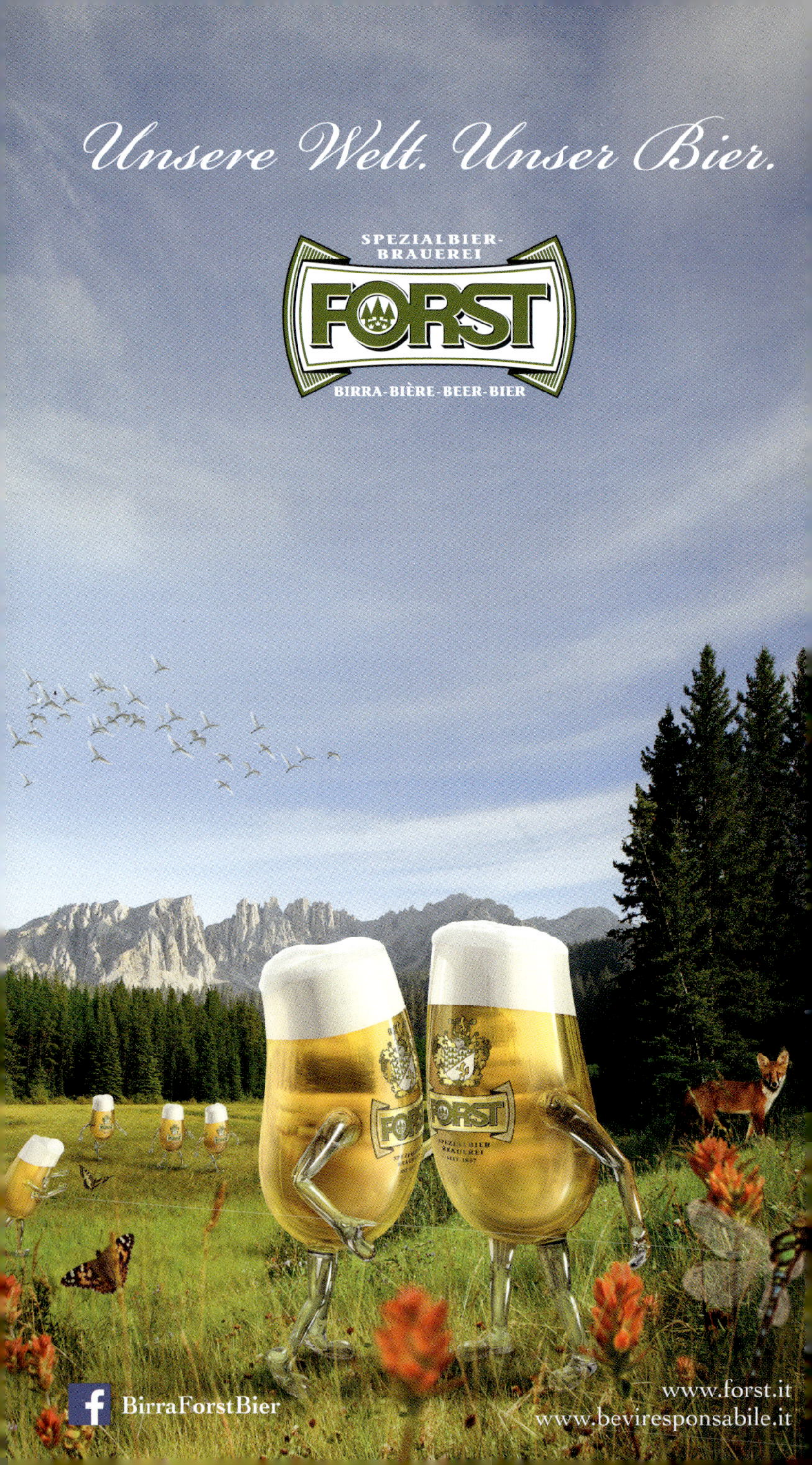

Unsere Welt. Unser Bier.
SPEZIALBIER-
BRAUEREI
FORST
BIRRA-BIÈRE-BEER-BIER
BirraForstBier
www.forst.it
www.beviresponsabile.it

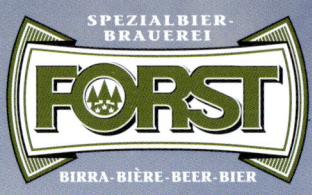